MAREK J. MURAWSKI

Me 262 Units

Me 262 Units • Marek J. Murawski

Wydanie pierwsze/First edition
Nakład limitowany/Limited edition

© Wszystkie prawa zastrzeżone. Wykorzystywanie fragmentów tej książki do przedruków
w gazetach i czasopismach, w audycjach radiowych i programach telewizyjnych
bez pisemnej zgody Wydawcy jest zabronione.
Nazwa serii zastrzeżona w UP RP

ISBN 83-89088-58-4

Redakcja/Editing: **Damian Majsak**
Tłumaczenie i redakcja wersji angielskiej/translation and English version editing: **Łukasz Wojtyniak**
Korekta/Proof-reading: **Joanna Jewdoszuk**
Korekta wersji angielskiej/English version proof-reading: **Joanna Jewdoszuk**
Design: **Tomasz Gąska, Joanna Jewdoszuk, Damian Majsak**
Ilustracja na okładkę/Cover illustration: **Arkadiusz Wróbel**
Kolorowe sylwetki samolotów, godła itp./Color plane schemes, emblems etc.: **Arkadiusz Wróbel**
Wybór, opracowanie oraz opisy kolorowych sylwetek samolotów/
/Selection, preparation and description of plane color schemes: **Marek J. Murawski**
Wybór i opisy fotografii/Selection and description of photos: **Marek J. Murawski, Tom Żmuda**

DTP: **KAGERO STUDIO, Tomasz Gąska**

Druk i oprawa/Printing: Petit

LUBLIN 2005

W trosce o największą wiarygodność MINIATUR LOTNICZYCH
zwracamy się do wszystkich, którzy posiadają fotografie, dokumenty i inne materiały źródłowe
związane z lotnictwem okresu 1914–1945.
W przypadku wykorzystania jakichkolwiek materiałów zostanie wskazane źródło ich pochodzenia.

ZAPRASZAMY DO WSPÓŁPRACY
HISTORYKÓW LOTNICTWA, GRAFIKÓW, ILUSTRATORÓW, TŁUMACZY

Prosimy o kontakt listowny:
Oficyna Wydawnicza KAGERO • ul. Bukowa 14/21 • Turka Os. Borek • 20-258 Lublin

Oficyna Wydawnicza KAGERO
ul. Kazimierza Wielkiego 39 • 27-600 Sandomierz

Redakcja, Marketing, Dystrybucja:
OW KAGERO • ul. Mełgiewska 7-9 • 20-952 Lublin
e-mail: kagero@kagero.kki.pl, kagero@kagero.pl, marketing@kagero.pl
tel./fax: (+48-81) 749-11-81, tel./fax (+48-81) 759-65-03, 0609 543 927, 0601 401 157
www.kagero.pl

Kalkomania dołączona do niniejszej publikacji stanowi integralną część książki i nie może być sprzedawana oddzielnie

Painted by Arkadiusz Wróbel 2005

Spis treści   Contents

Spis treści		Contents	
Wstęp	4	4	Introduction
Einsatzkommando Schenk	7	7	Einsatzkommando Schenk
Kampfgeschwader 51 „Edelweiß" (KG 51)	23	23	Kampfgeschwader 51 "Edelweiß" (KG 51)
Kommando Welter (10./NJG 11)	49	50	Kommando Welter (10./NJG 11)
Jagdverband 44	65	65	Jagdverband 44
Inne jednostki	88	88	Other units
Bibliografia	93	93	Bibliography
Plansze barwne	94	94	Camouflage patterns
Me 262A-1a – NA&SM	96	96	Me 262A-1a – NA&SM

Messerschmitt Me 262A-1a/Jabo należący do I./KG 51 z podwieszonymi pod kadłubem dwiema bombami SC 250, grudzień 1944 roku.
Messerschmitt Me 262A-1a/Jabo on strength with I./KG 51 with two SC 250s on pylons under the fuselage, December, 1944.

Był pogodny przedwiosenny poranek 27 lutego 1945 roku. Na lotnisku Hopsten w pobliżu zaparkowanych na skraju pola wzlotów odrzutowych Messerschmittów Me 262 zebrała się grupa kilku pilotów KG 51 "Edelweiß". Oficer techniczny 3 eskadry Lt. Maser wyjął z kieszeni pomiętą paczkę papierosów i wyciągnął ją w stronę stojącego obok młodego podoficera: Otto, zapal sobie i powiedz nam, coś zrobił wczoraj wieczorem ze swoją maszyną, wygląda tak, jakby przejechała po niej młockarnia.

Otto Zeppenfeld nie dał się długo prosić, zapalił papierosa, zaciągnął się i wypuściwszy dym z płuc zaczął opowiadać:

Po południu wszystko przebiegało, jak co dzień. "Stary" wezwał nas na odprawę i przedstawił założenia operacji. Cel nalotu: zgrupowanie czołgów na południowo wschodnim skraju Reichswaldu w rejonie Kleve. Czas nalotu: krótko przed zachodem słońca. Rodzaj nalotu: nalot pod kątem 30 stopni z początkowej wysokości 4000 metrów, zrzut bomb na wysokości 1000 metrów. Ładunek: dwie bomby 250 kg. Pogoda: bezchmurnie. Widoczność: przeszło 10 km.

Wystartowałem około godziny przed zachodem słońca, biorąc kurs na zachód. Po około sied-

It was a clear late winter morning on February 27th, 1945. A group of pilots from KG 51 "Edelweiß" gathered near jet Messerschmitts Me 262 parked on the edge of the maneuvering area of Hopsten airfield. Lt. Maser, the engineer officer of the 3rd Flight took a crumpled pack of cigarettes out of his pocket and offered it to a young NCO standing next to him: Otto, have a smoke and tell us what you've done to your plane yesterday – it looks as if it had passed under a thresher.

He didn't have to ask twice. Otto Zeppenfeld lit a cigarette, dragged on it, exhaled the smoke out of his lungs and began to talk:

The afternoon was like any other. The "old man" called us in for a briefing and described the operation directives. Its target: a group of tanks on the south-eastern edge of Reichswald, near Kleve. Its time: shortly before sunset. The procedure: an attack from an initial altitude of 4000 meters at an angle of 30 degrees, bomb extraction at 1000 meters. The cargo: two 250 kg bombs. Weather: clear. Visibility: over 10 km.

I took off about an hour before sunset and headed west. After around 7 minutes I was flying at 4500 meters over Wesel and turned in the di-

miu minutach znalazłem się na wysokości 4500 metrów nad Wesel i obrałem kurs na Kleve. Już z daleka zauważyłem nad celem około 30 do 40 myśliwców wroga. Na wysokości 3000 metrów kręciły się Thunderbolty, Mustangi i Lightningi.

Miałem pełne zaufanie do mojego Messerschmitta i jego czterech 30 mm działek pokładowych MK 108, dlatego też oczyma wyobraźni starałem się zaplanować czekający mnie nalot. W duchu liczyłem na to, iż podczas dolotu do celu udało mi się opróżnić zbiornik paliwa znajdujący się w tylnej części kadłuba. W przeciwnym wypadku samolot po zrzuceniu bomb byłby przeciążony na ogon. Zastanawiałem się, czy zawczasu nie spróbować ostrożnie ustawić trymerów, aby dodatkowo dociążyć maszynę na nos.

Najlepiej byłoby, gdyby w pobliżu nie było tych nieprzyjemnie kręcących się myśliwców wroga! Nie obawiałem się ich, ale przeszkadzały mi skoncentrować się na wykonaniu zadania. Tak, czy inaczej nie miałem zbyt wiele czasu na przemyślenia. Wiedziałem, że za chwilę zacznie się prawdziwa jazda!

Szybki rzut oka na przyrządy, aby upewnić się czy wszystko gotowe do ataku. Działka? Bomby? Wszystko w porządku – nadszedł najwyższy czas na atak!

Jedna z sekcji nieprzyjacielskich myśliwców znalazła się dokładnie na moim kursie prowadzącym nad cel. Nie mając innego wyjścia poderwałem nieco nos maszyny i nacisnąwszy spusty działek przeleciałem przez środek ich szyku. Teraz

rection of Kleve. When I was still far away I sighted 30 to 40 enemy fighters over the target. There were Thunderbolts, Mustangs and Lightnings circling at an altitude of 3000 meters.

I had complete trust in my Messerschmitt and its four 30 mm MK 108 guns, and in my mind I tried to plan the attack. I was hoping that I had emptied the fuel tank located in the rear of the fuselage during flight. Otherwise the plane would be overloaded at the tail after the bombs were dropped. I was considering whether I should first try to carefully set the trimmers to put additional weight on the nose of the plane.

It would be best if there were none of these enemy fighters unpleasantly hanging around nearby! I wasn't afraid of them, but they diverted my attention away from my mission. Anyway, I didn't have much time to think. I knew that soon the action would begin!

A quick glance at the instruments to make sure everything was ready for the attack. Guns? Bombs? Everything in order – it was time to attack!

One of the sections of enemy fighters was directly in the path of my flight. Having no alternative, I slightly pulled the nose of my plane up, squeezed the triggers of my guns and flew straight through their formation. Now I was looking only at my target. My diving angle was too big, I tried to pull my plane up a bit. Goddamit! No reaction from my stabilizers! The Messerschmitt didn't change its course by an inch, I have to decrease

(via Autor)

Ten sam samolot widoczny od tyłu.
The same plane from the rear.

spoglądałem już tylko na cel. Kąt nurkowania był zbyt duży, spróbowałem nieco poderwać samolot. Do diabła! Żadnej reakcji na sterach! Messerschmitt ani o włos nie zmienił kursu, trzeba trymerem zmniejszyć przeciążenie ogona maszyny! Nie, to bzdura! Odwrotnie, trzeba trymerem dociążyć nos!

Rozmaite pomysły, jak szalone kłębiły mi się w głowie, jeden wykluczał drugi. A jak właściwie w tej chwili ustawione są trymery? Nie mam pojęcia – poprzez szybkę celownika Revi wbiłem wzrok w cel. Jeżeli nie uda mi się wyprowadzić Messerschmitta z płytkiego nurkowania to wszystko skończy się źle – harakiri!

Obydwoma rękami z całej siły przyciągnąłem do siebie drążek. Wreszcie! Nos maszyny uniósł się w górę. Rzut oka na wysokościomierz: 1200 metrów. Jeszcze szybkie, trwające ułamek sekundy spojrzenie przez celownik: bomby poszły!

Uwolniony od swojego ładunku Messerschmitt, jak spięty ostrogą, wyrwał w górę przepadając równocześnie na lewą burtę. Cały płatowiec wyraźnie zadrżał, czyżby któryś z Thunderboltów mnie staranował? A może trafił mnie z broni pokładowej? Nie miałem czasu na myślenie. Szarpnąłem drążek w prawo i z całej siły popchnąłem go do przodu. Na próżno! Messerschmitt z niezwykłą mocą wznosił się prawie pionowo w górę. Zaklinowałem drążek pomiędzy kolanami i dopiero wówczas mogłem spojrzeć na tablicę przyrządów: liczba obrotów 8400! O mój Boże! Zapomniałem zmniejszyć obroty! Wysokościomierz: znowu 2500 metrów, pomimo tego, iż kilka sekund wcześniej znajdowałem się jeszcze na wysokości poniżej 1000 metrów! Prędkościomierz: 1350 km/h! Przez mgnienie oka z niedowierzaniem przyglądałem się wskazówce obserwując, jak powoli się cofa: 1250..., 1200..., nie miałem już jednak więcej czasu, aby gapić się na prędkościomierz!

Płatowiec drżał i wibrował w jakiś niezwykły sposób, jednak liczba obrotów silników pozostawała na niezmiennym poziomie, temperatura ich pracy nie podnosiła się, a ciśnienie oleju utrzymywało się w normie. Szybkie spojrzenie na zewnątrz, wszystko w porządku, w zasięgu wzroku nie spostrzegłem niczego niepokojącego. Wszystko to działo się w ciągu ułamków sekundy. Czyżby człowiek poddany takiej prędkości był w stanie szybciej myśleć i działać?

the weight at the tail with the trimmer! No, bullshit! It's the other way round, I have to put more weight at the nose!

All kinds of ideas were madly springing up in my head, one excluding another. What's the trimmers' position now? I have no idea – I focused my eyes on the target through the Revi bombsight. If I can't take my Messerschmitt out of the low dive it'll be the end – harakiri!

I pulled the joystick toward me with all my strength. Finally! The plane's nose went up. A glance at the altimeter: 1200 meters. Then just a quick, fraction of a second glance through the bombsight: the bombs went down!

Freed of its load, the Messerschmitt leaped upwards, mushing at the same time to the left. The whole plane shook, did one of the Thunderbolts ram into me? Or was I hit by their guns? I didn't have time to think. I pulled my joystick right and pushed it forward with all my strength. Nothing! The Messerschmitt was climbing almost vertically upwards with amazing force. I immobilized the joystick between my knees and only then could look at the instrument panel: 8400 revolutions! Oh my God! I forgot to lower the gear! Altimeter: 2500 meters again, even though a few seconds earlier I had been below 100 meters! Tachometer: 1350 km/h! For a second I watched the indicator in disbelief as it moved back: 1250..., 1200..., but I didn't have any more time to stare at the tachometer!

The plane was shaking and vibrating in an unusual way, but the number of engine revolutions remained the same, the engines' temperature wasn't rising, and the oil pressure remained normal. A quick look outside – everything in order, I didn't notice anything alarming. All this took just a fraction of a second. Is man able to think and act quicker at such velocity?

When I reached 3000 meters the tachometer indicator stopped at 1000 and I was finally able to curb the Messerschmitt, which gave in to my desperate attempts to bring it to horizontal position.

The return flight passed without any disturbances. After some time I even got used to the unusual shaking and vibrations but was still constantly closely watching the instruments. I couldn't shake off the incredible impression that flying at

Kiedy znalazłem się na wysokości 3000 metrów wskazówka prędkościomierza zatrzymała się na cyfrze 1000, a Messerschmitt wreszcie dał się okiełznać i poddał się moim rozpaczliwym próbom sprowadzenia go do pozycji horyzontalnej.

Lot powrotny do bazy przebiegał gładko. Po chwili zdołałem nawet przywyknąć do niezwykłych drgań i wibracji płatowca, jednak przez cały czas zwracałem baczną uwagę na przyrządy. Jeszcze długo nie mogłem otrząsnąć się z niesamowitego wrażenia, które pozostawił po sobie lot z tak piekielną prędkością. O dziwo nie odczułem jej nawet, a uświadomiłem ją sobie dopiero po spojrzeniu na wskazówkę prędkościomierza i po przyjrzeniu się stanowi płatowca. Wspomniane już przeze mnie wcześniej, niezwykle silne drgania, spowodowały obluzowanie się niemal wszystkich nitów mocujących pokrycie sterów wysokości, gondole silników opadły w dół, przez co w miejscu ich połączenia z krawędzią natarcia powstały szerokie szczeliny, pęd powietrza opływając powyginane blachy pokrycia wywoływał istną kakofonię gwizdów. Pomimo wszystko udało mi się zapanować nad sobą i nie wpadłem w panikę. Jedyne, co pozostało mi po tym locie, to zakwasy w mięśniach ramion nadwerężonych rozpaczliwym szarpaniem za drążek sterowy.

Otto Zepenfeld miał wiele szczęścia, nie wiedząc nawet o tym zbliżył się do bariery dźwięku i przeżył. Wielu jego kolegom się to nie udało, zginęli w szczątkach odrzutowych Messerschmittów, które z niewiadomych wówczas przyczyn rozpadały się w powietrzu.[1]

Einsatzkommando Schenk

Kiedy w powietrze wznosiły się pierwsze prototypy Messerschmitta Me 262 nikt nie miał wątpliwości, iż narodził się nowy samolot myśliwski, który pozwoli niemieckiej Luftwaffe zdobyć panowanie w powietrzu nad Europą. Bardzo szybko okazało się jednak, że nie wszyscy decydenci byli zgodni, co do sposobu jego wykorzystania. Generalny inspektor lotnictwa myśliwskiego Luftwaffe Adolf Galland nie wyobrażał sobie innego

[1] Zepenfeld Otto: Zwischen 800 und 1400 Stundenkilometern, Weltluftfahrt, Heft 5/1955, str. 115-116.

such deadly speed made on me for a long time afterwards. Its surprising that I didn't even feel the speed during flight but only realized it after glancing at the tachometer indicator and after I saw the state the plane was in. The extremely strong vibrations I mentioned caused almost all of the rivets holding the skin of the elevators to loosen, the engine nacelles slid down creating wide gaps where they had been touching the leading edge. The rushing air overflowing the bent metal sheets created a cacophony of whizzes and whistles. I was nevertheless able to pull myself together and not panic. All that remained after the flight were my sore arm muscles strained by my desperate pulling of the joystick.

Otto Zepenfeld was very lucky, without knowing it he had approached the sound barrier and survived. Many of his colleagues didn't make it – they died in the wreckage of jet Messerschmitts which had fallen apart in the air for reasons which were then unknown[1].

Einsatzkommando Schenk

When the first prototypes of Messerschmitt Me 262 were taking off no-one had any doubts that a new fighter was born which would allow the German Luftwaffe to rule the sky over Europe. It soon turned out however that not all decision-makers agreed on how to use it. The general inspector of Luftwaffe's fighter Air Force, Adolf Galland, couldn't imagine that the Me 262 would be used for anything else than as a quick intercepting fighter with the primary purpose of fighting formations of American four-engine bombers which were systematically attacking targets located on Reich territory. Adolf Hitler meanwhile thought that the Me 262 would be a perfect bomber and could play a crucial part in repulsing the Allies' invasion on France which was expected in the spring of 1944.

In October, 1943 Hitler explained to Hermann Göring, the Luftwaffe's commander, that the first hours of a potential invasion would be critical to its success. During these first hours the beaches

[1] Zepenfeld Otto: Zwischen 800 und 1400 Stundenkilometern, Weltluftfahrt, Heft 5/1955, pp. 115-116.

zastosowania Me 262 aniżeli jako szybkiego myśliwca przechwytującego, którego głównym zadaniem miałoby być zwalczanie formacji amerykańskich czterosilnikowych bombowców systematycznie atakujących cele położone na terytorium Rzeszy. Tymczasem Adolf Hitler uważał, iż Me 262 będzie idealnym samolotem bombowym, który może odegrać decydującą rolę w odparciu alianckiej inwazji we Francji spodziewanej wiosną 1944 roku.

W październiku 1943 roku Hitler wyjaśnił dowódcy Luftwaffe Hermannowi Göringowi, iż krytyczne dla powodzenia ewentualnej inwazji będą jej pierwsze godziny, kiedy to plaże w rejonie desantu zapchane będą ludźmi i sprzętem. Wystarczy wówczas, iż nad plażami pojawi się kilkaset szybkich bombowców, które z małej wysokości zrzucą bomby na tłumy lądujących żołnierzy i masy zgromadzonego sprzętu. Powstrzymanie lądujących oddziałów, nawet na kilka godzin, umożliwiłoby podciągnięcie w rejon inwazji rezerw pancernych. Ponieważ Alianci dysponowali wielokrotną przewagą liczebną w powietrzu, zaatakowanie plaż za pomocą samolotów stano-

in the area of invasion would be filled with men and equipment. A few hundred quick bombers which would assail the landing soldiers and their tons of equipment with bombs dropped from a low altitude would hinder the attacking forces at least for a few hours. This would be enough to bring panzer reserves into the area of invasion. Since the Allies' Air Force was superior in number, attacking the beaches with Luftwaffe's standard equipment didn't give hope for success. That's why Hitler turned his attention to, in his opinion, the only plane which – being faster thanAllied planes – could successfully carry out such a mission. This plane was the jet Messerschmitt Me 262.

On November 2nd, 1943 Hermann Göring, accompanied by Erhard Milch, visited the Messerschmitt Air Force plant in Augsburg, not only to see the plant but also to settle some questions concerning Me 262. The Reich's marshal conveyed the Fürher's wish regarding the working out of a design of a fast bomber fighter. He also asked Willy Messerschmitt if Me 262 would be capable

(via Autor)

Messerschmitt Me 262A-1a, WNr. 170 303 (V 303) podczas testów na lotnisku Lechfeld, samolot przykryty siatką maskującą, na wlotach silników założone osłony.
Messerschmitt Me 262A-1a, WNr. 170 303 (V 303) undergoing tests at Lechfeld airfield. The plane is covered with camouflage netting and the intakes are sealed.

(via Autor)

Ten sam samolot na zbliżeniu, przed kabiną widoczny biały numer prototypu.
A close-up of the same plane with the prototype number in white near the cockpit.

wiących standardowe wyposażenie Luftwaffe nie rokowało nadziei na uzyskanie sukcesu. Dlatego też Hitler zwrócił uwagę na jedyny samolot, który jego zdaniem, z uwagi na przewagę prędkości nad alianckimi myśliwcami, będzie w stanie zrealizować to zadanie. Samolotem tym był odrzutowy Messerschmitt Me 262.

W dniu 2 listopada 1943 roku Hermann Göring w towarzystwie Erharda Milcha odwiedził zakłady lotnicze Messerschmitt w Augsburgu, aby zwiedzić zakłady i wyjaśnić pewne kwestie związane z Me 262. Marszałek Rzeszy przekazał życzenie Führera odnośnie opracowania projektu szybkiego myśliwca bombardującego pytając przy tej okazji Willego Messerschmitta, czy Me 262 byłby w stanie przenosić ładunek bombowy. Messerschmitt odparł: *Panie Marszałku Rzeszy, od samego początku braliśmy pod uwagę zabudowanie dwóch zamków bombowych, dzięki temu maszyna będzie mogła zrzucać bomby, a mianowicie jedną 500 kg lub dwie po 250 kg każda.*[2]

---

[2] Ethell J. i Price A.: Deutsche Düsenflugzeuge im Kampfeisatz 1944/45, Stuttgart 1981, str. 15.

of carrying bombs. Messerschmitt replied: *Marshal, we have been considering mounting two bomb locks from the beginning – this would enable the plane to drop bombs, either a 500kg one or two 250kg ones.*[2]

To Göring's further questions he replied that designing a bomb system for Me 262 would take a few weeks at most.

Three weeks later, during a show of the newest planes at Insterburg airfield, where the fourth and sixth Me 262 prototypes were also exhibited, Hitler asked if the presented plane could also carry bombs. Then Prof. Messerschmitt eagerly moved forward to assure the Führer: *It can carry a 1000 kg bomb with no difficulty.*[3] Hitler beamingly thanked him: *This is finally the plane I have requested for years. But nobody could figure it out!*[4]

From this moment Me 262 began to play a major role in Hitler's anti-invasion plans. On De-

---

[2] Ethell J. and Price A.: Deutsche Düsenflugzeuge im Kampfeisatz 1944/45, Stuttgart 1981, pg. 15.
[3] Ibidem.
[4] Irving David: Wzlot i upadek Luftwaffe, Pruszków 2001, pg. 355.

(via Autor)

Me 262 V10 służył do prób jako samolot myśliwsko bombowy. Pod kadłubem podwieszone dwie bomby 250 kg, a w tylnej jego części dodatkowe dwie rakiety startowe na paliwo stałe.
Me 262 V10 was used as a test fighter-bomber. Two 250 kg bombs hang on pylons under the fuselage, and two starter rockets are visible further back.

Na kolejne pytania Göringa odpowiedział, iż opracowanie systemu uzbrojenia bombowego dla Me 262 zajmie najwyżej kilka tygodni.

Trzy tygodnie później na lotnisku Insterburg, podczas pokazu najnowszych konstrukcji lotniczych, gdzie wystawiono również czwarty i szósty prototyp Me 262 Hitler zapytał, czy prezentowany mu samolot może również przenosić bomby. Wówczas do przodu wyrwał się prof. Messerschmitt zapewniając Führera: *Bez kłopotów może przenosić 1000 kg bombę.*[3] Rozpromieniony Hitler podziękował mu: *To jest wreszcie samolot, o który dopominałem się od lat. Ale nikt na to nie wpadł!*[4]

Od tego czasu Me 262 zaczął odgrywać ważną rolę w anty inwazyjnych planach Hitlera. W dniu 20 grudnia 1943 roku podczas omawiania sytuacji strategicznej w towarzystwie najwyższych oficerów Wehrmachtu wyraźnie określił swoje oczekiwania wobec szybkich bombowców odrzutowych: *Z każdym miesiącem staje się coraz bardziej prawdopodobne, że będziemy mieli przynajmniej jeden dywizjon samolotów odrzutowych. Najważniejsze, by zrzucić im (Aliantom) na głowę trochę bomb w momencie lądowania. To zmusi ich do krycia się; nawet, jeśli polata nad nimi tylko jeden taki samolot,*

cember 20th, 1943 during a review of the strategic situation with highest ranking Wehrmacht officers he clearly stated his expectations concerning fast jet bombers: *With each month, the probability that we'll have at least one squadron of jet planes rises. What's most important is that during their (the Allies') landing we drop some bombs on their heads. This will force them to hide; even if just one plane hangs over them, they will have to hide and waste time, hour after hour! Before half a day passes, our reinforcements will arrive. So you see how important it is that we pin the enemy to the beaches for 6-8 hours.*[5]

Meanwhile both Milch and Galland saw Me 262 primarily as a fighter plane which could stop American air raids from ruining the German economy. Work was only continued on the fighter version of the plane. On May 23rd, 1944 Göring, Milch, Galland and Speer were invited with their associates to Berchtesgaden to present the current situation in the development of the fighter Air Force to Hitler. The course of this meeting was described by the British historian David Irving: *Milch began to describe the details of the program prepared by the Fighter Staff, but Hitler was listening indifferently, his eyes on the mountain tops. Only when the field marshal came to Me 262, Hitler interrupted him: "I thought the Me 262 would be pro-*

---

[3] Ibidem.
[4] Irving David: Wzlot i upadek Luftwaffe, Pruszków 2001, str. 355.

[5] Ibidem, pg. 366.

będą musieli się kryć i marnować czas, godzina za godziną! Nie minie pół dnia, a nasze odwody będą już na miejscu. Widzicie, więc jak ważne jest, by przyszpilić wroga do plaż na 6-8 godzin.⁵

Tymczasem zarówno Milch, jak również i Galland widzieli w Me 262 przede wszystkim samolot myśliwski, który może powstrzymać wyniszczające gospodarkę Niemiec naloty amerykańskie. Prace nad samolotem kontynuowano ograniczając je wyłącznie do wersji myśliwskiej. W dniu 23 maja 1944 roku Göring, Milch, Galland oraz Speer wraz ze współpracownikami zaproszeni zostali do Berchtesgaden, aby przedstawić Hitlerowi aktualny stan prac nad rozwojem lotnictwa myśliwskiego. Przebieg tego spotkania opisał angielski historyk David Irving: *Milch zaczął omawiać szczegóły programu przygotowane przez Sztab Myśliwski, ale Hitler słuchał go obojętnie, wpatrując się w szczyty gór. Dopiero, gdy feldmarszałek doszedł do Me 262, Hitler przerwał mu: "Sądziłem, że Me 262 wejdzie do produkcji jako szybki bombowiec. Jak wiele egzemplarzy już wyprodukowanych może przenosić bomby?" „Żaden – odparł Milch – Me 262 jest aktualnie produkowany wyłącznie w wersji myśliwskiej". Zapadło ciężkie milczenie. Milch zaczął wyjaśniać, że*

⁵ Ibidem, str. 366.

duced as a fast bomber. How many of the produced planes can carry bombs?" "None – replied Milch – the Me 262 is currently produced only in the fighter version". A deep silence filled the room. Milch began to explain that this plane wouldn't be able to carry bombs unless some serious construction changes were made and even then could carry no more than 500 kg of bombs.

Hitler lost his cold blood. He realized that the Allies could invade any day now and the wonderful plane he was counting on so much – wasn't there! He interrupted Milch: "So what? All I wanted was one 250 kg bomb". He demanded precise data about the weight of the fighter version – of its armament, armor, ammunition. "So nobody pays the least attention to my orders! – he shouted – I gave a strict order and there could have been no doubt that this plane was to be produced as a bomber fighter".

Saur gave the data concerning the plane's weight and Hitler added them aloud. It turned out that the additional weight exceeded 500 kg by far. "We don't need any machine guns – he decided – The plane is so fast it doesn't need any armor as well. You can throw that out". Then he asked Petersen if he agreed. "It can be done without a problem" (next day Göring was reproachful: "Yes, yes, that's what you said, we can check in the protocol!"). Milch, dismayed by this

(via Autor)
Me 262 V10 podczas prób z holowaną bombą o wagomiarze 1000 kg wyposażoną w skrzydła pocisku V1. Próby te nie powiodły się.
Me 262 V10 being tested with a 1,000 kg bomb equipped with a V1 stabilizer. The tests failed.

samolot ten nie będzie mógł przenosić bomb bez znacznych zmian konstrukcyjnych, a nawet po nich nie uniesie więcej niż 500 kg bomb.

Hitler stracił zimną krew. Uświadomił sobie, że inwazja aliancka może nastąpić lada dzień, a on tego cudownego samolotu, na który tak liczył – nie ma! Przerwał Milchowi: „Co z tego? Chciałem tylko jednej bomby 250-kilogramowej". Zażądał ścisłych danych o obciążeniu wersji myśliwskiej – o wadze uzbrojenia, opancerzenia, amunicji. „A więc nie zwraca się najmniejszej uwagi na moje rozkazy! – krzyczał – Wydałem bezwzględny rozkaz i nikt nie mógł mieć żadnych wątpliwości, że ten samolot miał wejść do produkcji jako maszyna myśliwsko-bombowa".

Saur podał dane o obciążeniu, a Hitler dodawał je głośno. Wyszło znacznie więcej niż 500 kg. „Nie potrzeba żadnych karabinów maszynowych – stwierdził – Samolot jest tak szybki, że nie potrzebuje też żadnej płyty pancernej. Może to pan wywalić". Potem spytał Petersena, czy się z tym zgadza. „Można to zrobić bez problemu" (następnego dnia Göring roturn of events, asked Hitler to hear out the opinions of other people as well, but nobody said anything. General Korten remained silent and Galland was so told off by Hitler after saying just a few words that he fell silent. The field marshal turned to Hitler with a desperate plea to think his decision over, but he was assailed with a stream of insults. Losing control of himself, he burst out: "But mein Führer, even a small child could see that it is a fighter, not a bomber!"[6]

Next day during a conference organized by Göring it turned out that Petersen's assurance that Me 262 could easily be reconstructed from a fighter to a bomber was nowhere close to reality. The armament and armor, which weighed a total of 600 kg, were located in the fighter version in front of the plane's center of gravity and so could not be removed without making significant changes in the weight distribution, which could mean even

---

[6] Ibidem, pp. 386-387.

(via Autor)

Wariant szybkiego bombowca Me 262A-2a/U2 (V 555) z dwuosobową załogą i oszklonym przodem nie wyszedł poza stadium prototypu.
Me 262A-2a/U2 (V555) two-man jet bomber with a Plexiglas nose section never went beyond the prototype stage.

(via Autor)

Ten sam samolot w locie.
The same plane in flight.

bił mu wyrzuty: *"Tak, tak, pan to powiedział, można sprawdzić w protokole!"*). Milch, skonsternowany takim obrotem sprawy, poprosił Hitlera, by wysłuchał też opinii pozostałych osób, ale nikt się już nie wypowiedział. Generał Korten zachował milczenie, a Galland, po wypowiedzeniu zaledwie paru słów, został tak zrugany przez Hitlera, że zamilkł. Feldmarszałek desperacko zwrócił się do Hitlera, by jeszcze raz przemyślał swoją decyzję, ale spadł na niego istny potok obelg. Straciwszy panowanie nad sobą, wybuchnął: *"Ależ, mein Führer, nawet małe dziecko zauważy, że to jest myśliwiec, a nie bombowiec!"*[6]

Następnego dnia podczas konferencji zwołanej przez Göringa okazało się, iż zapewnienia Petersena o możliwości bezproblemowego przebudowania płatowców Me 262 z wersji myśliwskiej na bombową nie mają się nijak do rzeczywistości. Uzbrojenie oraz opancerzenie o łącznej masie 600 kg, w wersji myśliwskiej, umieszczone zostało przed środkiem ciężkości, nie można go było zatem usunąć bez przeprowadzenia zasadniczych zmian wyważenia płatowca, co mogło oznaczać nawet zmianę usytuowania skrzydeł. Na wprowadzenie tak daleko idących zmian trzeba byłoby poświęcić nawet pięć miesięcy. Usłyszawszy to Göring wpadł w furię: *Jesteście panowie głusi jak pień. Mówiłem tyle razy, że Führer ma gdzieś wersję myśliwską Me 262, a chce tylko samolotu myśliwsko-bombowego!*

Oszukaliście Führera. Wszyscy, łącznie z Messerschmittem, wmawiali mu, że Me 262 nadaje się do bombardowania. A później, w mojej obecności, w In-

relocating the wings. Even five months could be needed to make such changes. When he heard about this, Göring was furious: *Gentlemen, you are deaf as a post. I have repeated so many times that the Führer doesn't give a damn about the fighter version, he wants a fighter bomber!*

You have deceived the Führer. All of you, including Messerschmitt, assured him that the Me 262 can serve as a bomber. Then, in my presence, in Insterburg, Messerschmitt told the Führer that his plant had planned on producing Me 262 as a fighter bomber from the beginning. And now it suddenly turns out that it's impossible.[7]

On May 27th, 1944 Göring sent a telegram to Milch which decided the fate of Me 262: *The Führer gave an order that Me 262 should only be used as a fast bomber. Until further decisions are made the plane should not be considered as a fighter".*[8]

In accordance with these decisions tests were started with a bomb system installed on Me 262 V10 (VI+AE, WNr. 130005). Two ETC 501 bomb racks were tested, both mounted under the front part of the fuselage, and ETC 503 and Wikingerschiff (Viking ship) bomb racks, the latter designed especially for this plane in Messerschmitt workshops. The fighter version of Me 262 had two 900 dm^3 fuel tanks, an armored cockpit and four 30 mm MK 108 guns located in the front of the fuselage. In order to decrease the weight of the plane, some armor elements and two of the

---

[6] Ibidem, str. 386-387.

[7] Ibidem, pg. 388.
[8] Ethell J. and Price A., op. cit. pg. 21.

sterburgu, Messerschmitt powiedział Führerowi, że jego zakłady od początku planowały produkcję Me 262 jako samolotu myśliwsko-bombowego. No a teraz nagle okazuje się, że to niemożliwe.[7]

Dnia 27 maja 1944 roku Göring wysłał do Milcha telegram rozstrzygający dalsze losy Me 262: *Führer rozkazał, iż Me 262 wejdzie do służby wyłącznie jako szybki bombowiec. Aż do wydania dalszych decyzji maszyny nie należy brać pod uwagę jako myśliwca".*[8]

W związku z podjętymi decyzjami rozpoczęto próby z wyposażeniem bombowym zainstalowanym na płatowcu Me 262 V10 (VI+AE, WNr. 130005). Testowano dwa wyrzutniki ETC 501 montowane pod przednią częścią kadłuba, a także wyrzutniki ETC 503 oraz wyrzutniki Wikingerschiff (okręt Wikingów) skonstruowane specjalnie w zakładach Messerschmitt. Me 262 w wersji myśliwskiej posiadał dwa zbiorniki paliwa o pojemności 900 dm³ każdy, opancerzenie kabiny pilota oraz umieszczone w przedniej części kadłuba uzbrojenie strzeleckie składające się z czterech działek MK 108 kalibru 30 mm. Aby zmniejszyć masę samolotu wymontowano z niego elementy opancerzenia oraz dwa działka MK 108. W celu zwiększenia zasięgu zainstalowano dwa dodatkowe zbiorniki paliwa, jeden o pojemności 250 dm³ znajdował się bezpośrednio pod fotelem pilota, natomiast drugi o pojemności 600 dm³ umieszczono w tylnej części kadłuba, za punktem ciężkości maszyny.

Ciężar dodatkowego zbiornika paliwa równoważyć miały dwie 250 kg bomby zawieszone

---
[7] Ibidem, str. 388.
[8] Ethell J. i Price A., op. cit. str. 21.

MK 108 guns were removed. Two additional fuel tanks were installed to increase the plane's range, a 250 dm³ one located directly under the pilot's seat and another with a capacity of 600 dm³ located in the rear of the fuselage, behind the plane's center of gravity. The weight of the additional fuel tank was to be evened up by two 250 kg bombs mounted in the front part of the fuselage. In practice this solution proved very troublesome because the bombs couldn't be dropped before the rear fuel tank was emptied, otherwise the plane's tail immediately pulled down. On the other hand, using up the fuel earlier meant that the plane tilted forward. There was also a problem with aiming. Me 262 had very limited downward visibility from the cockpit. Mounting a small window between the pilot's legs was even considered to enable him to watch his target but this idea was later abandoned. Bombing was carried out with Zeiss's TSA 2A bombsight.

Already on May 25th, 1944 the Geschwaderstab and I. Gruppe of Kampfgeschwader 51 "Edelweiß" were withdrawn from their bases in France and moved to southern Germany to Lechfeld airfield, where the pilots were to be trained in the operation of jet Messerschmitts Me 262.

Due to the lack of planes it was decided that first only a chosen group of pilots would be trained which would then form a special Einsatzkommando – a chosen combat group. The Einsatzkommando was to be transferred to France immediately after the Allies' invasion was reported. It consisted of pilots from the 3.Staffel and since Maj. Wolfgang Schenk took command over the unit, it was named Einsatzkommando Schenk.

Szybki bombowiec Me 262A-2a/U2 (V 484) na holu za cysterną.
Me 262A-2a/U2 (V484) jet bomber in tow behind a fuel truck.

(via Autor)

w przedniej części kadłuba. Rozwiązanie to okazało się bardzo kłopotliwe w praktyce, zrzut bomb nie mógł nastąpić przed opróżnieniem zbiornika paliwa znajdującego się w tylnej części kadłuba, ponieważ samolot natychmiast opadał na ogon. Z drugiej strony wcześniejsze zużycie paliwa z tego zbiornika powodowało, iż obciążona bombami maszyna opadała na nos. Innym problemem było celowanie. Me 262 posiadał bardzo ograniczoną widoczność z kabiny w dół. W związku z tym planowano nawet montaż niewielkiego okienka umieszczonego pomiędzy nogami pilota, przez które miałby obserwować cel. Pomysłu tego jednak nie zrealizowano. Bombardowanie prowadzono przy pomocy celownika firmy Zeiss typu TSA 2A.

Już 25 maja 1944 roku Geschwaderstab oraz I. Gruppe należące do Kampfgeschwader 51 „Edelweiß" wycofane zostały ze swoich baz we Francji i przeniesione do południowych Niemiec na lotnisko Lechfeld, gdzie piloci mieli zostać przeszkoleni w obsłudze odrzutowych Messerschmittów Me 262.

Z uwagi na brak samolotów postanowiono, iż w pierwszej kolejności przeszkolona zostanie wybrana grupa pilotów, która utworzy specjalne Einsatzkommando, czyli bojowy oddział wydzielony. Einsatzkommando miało zostać przerzucone do Francji natychmiast po otrzymaniu meldunku o alianckiej inwazji. W skład Einsatzkommando weszli piloci 3. Staffel, a ponieważ dowództwo nad nimi objął Maj. Wolfgang Schenk, jednostkę nazwano Einsatzkommando Schenk.

Wolfgang Schenk urodził się 7 lutego 1913 roku w Windhoek w Południowej Afryce. Podczas kampanii w Polsce i we Francji służył w jednostce niszczycieli, od września 1940 roku dowodził eskadrą w Erprobungsgruppe 210. W Rosji dowodził I./SKG 210, w dniu 14 sierpnia 1941 roku udekorowany został Krzyżem Rycerskim. Na jego koncie znajdowało się wówczas dziewięć zestrzelonych samolotów oraz liczne zniszczone cele naziemne. Wkrótce potem mianowano go dowódcą ZG 1, a 30 października 1942 roku odznaczono Wieńcem Liści Dębowych do Krzyża Rycerskiego. Oprócz sukcesów w zwalczaniu celów naziemnych, w walkach powietrznych zestrzelił 18 samolotów nieprzyjaciela. Od 3 stycznia 1943 roku dowodził SG 2 operującym w basenie Morza

(via Autor)
Widok oszklonego przodu prototypu V 484, pod kabiną podwieszone dwie bomby po 250 kg.
A photo of the Plexiglas nose section on the V 484 prototype. Two 250 kg bombs are suspended under the fuselage.

Wolfgang Schenk was born on February 7th, 1913 in Windhoek in South Africa. During the campaign in Poland and in France he served in a destroyer unit and from September, 1940 was given command over a flight in Erprobungsgruppe 210. In Russia he commanded the I./SKG 210 and on August 14th, 1941 was decorated with the Knight's Cross. He had by then shot down nine planes and destroyed many ground targets. He was soon given command over ZG 1 and on October 30th, 1942 was decorated with the Oak Leaves to the Knight's Cross. Besides his successes in destroying ground targets, he had shot down 18 enemy plains in air combat. On January 3rd, 1943 he took command of SG 2 which operated in the Mediterranean. On October 11th, 1943 he was transferred to staff work in the command of the fighter Air Force.

Einsatzkommando Schenk began training on the few fighter versions of Me 262 available – all of them being equipment of the Erprobungskommando 262, stationed on the same airfield. When the Allies landed in Normandy on the morning of June 6th, 1944, the Einsatzkommando Schenk was still awaiting the arrival of Messerschmitts Me 262A-2a. The first planes of this type reached the unit only by the end of the first decade of June, 1944. They were the bomber version of the jet called Sturmvogel (a marine bird of the fulmar

Śródziemnego. Dnia 11 października 1943 roku przeszedł do pracy sztabowej w dowództwie lotnictwa szturmowego.

Einsatzkommando Schenk rozpoczęło szkolenie wykorzystując nieliczne Me 262 w wersji myśliwskiej, które znajdowały się na wyposażeniu stacjonującego na tym samym lotnisku Erprobungskommando 262.

Gdy rankiem 6 czerwca 1944 roku Alianci wylądowali w Normandii Einsatzkommando Schenk wciąż jeszcze oczekiwało na dostarczenie samolotów Messerschmitt Me 262A-2a. Pierwsze samoloty tego typu dotarły do jednostki dopiero pod koniec pierwszej dekady czerwca 1944 roku. Była to wersja bombowa odrzutowca zwana Sturmvogel (morski ptak z rodziny fulmarów) wyposażona w dwa podkadłubowe wyrzutniki ETC 503 (później ETC 504) lub Wikingerschiff, na których można było podwiesić po jednej bombie 250 kg, lub jedną bombę 500 kg. Uzbrojenie strzeleckie składało się z dwóch działek MK 108 kalibru 30 mm. Przednia część kadłuba w miejscu, gdzie instalowano wyrzutniki bombowe została wzmocniona. Przeprowadzone modyfikacje zwiększyły masę startową płatowca o 325 kg w porównaniu z wersją myśliwską.

W dniu 14 lipca 1944 roku jednostka poniosła pierwszą stratę. Podczas prób bombardowania w rejonie jeziora Ammersee rozbił się samolot WNr. 130 177 (SQ+WP). Jego pilot Stabsfw. Moosbacher poniósł śmierć.

Ćwiczenia w bombardowaniu były szczególnie trudne dla byłych pilotów 3./KG 51, ponieważ Me

family), equipped with two ETC 503 (later ETC 504) or Wikingerschiff bomb racks mounted under the fuselage which could carry either one 250 kg bomb each or a 500 kg bomb. The guns were two 30 mm MK 108s. The front part of the fuselage was reinforced where the bomb racks were installed. These modifications increased the plane's take-off mass by 325 kg compared to the fighter version.

On July 14th, 1944 the unit suffered its first loss. During bombing training in the area of lake Ammersee plane WNr. 130 177 (SQ+WP) crashed. Its pilot Stabsfw. Moosbacher was killed.

Bombing practice was especially difficult for former 3./KG 51 pilots because Me 262, contrary to the Junkers Ju 88 planes used by the unit's pilots earlier, was not suitable for dropping bombs during diving and so wasn't equipped with the appropriate sight. The only sight used was the standard Revi reflex sight meant for the guns. Only the most experienced pilots were able to adapt quickly to this substitute sight and get good results when training bombing in horizontal flight.

The initial training of the first twelve pilots, who carried out four flights in the Me 262, was completed on July 19th, 1944. Next day, on July 20th, 1944, the day of Hitler's assassination attempt, Einsatzkommando Schenk along with nine planes were transported to France, to Châteaudun near Orleans. The Messerschmitts Me 262A-2a belonging to the unit wore the standard factory camouflage, but without the typical KG 51 desig-

(via Autor)

Start pary Messerschmittów Me 262A-1a/Jabo należących do Einsatzkommando Schenk, Francja, lato 1944 r.
Two Messerschmitt Me 262A-1a/Jabo from Einsatzkommando Schenk during take-off. France, Summer, 1944.

262, w odróżnieniu od wcześniej używanego przez pilotów tej jednostki Junkersa Ju 88, nie nadawał się do zrzutu bomb w locie nurkowym i w związku z tym nie został wyposażony w odpowiedni celownik. Jedynym celownikiem był standardowy celownik refleksyjny Revi przeznaczony do obsługi broni strzeleckiej. Tylko najbardziej doświadczeni piloci byli w stanie szybko przestawić się na korzystanie z tego typu zastępczego celownika i uzyskiwanie dobrych wyników podczas ćwiczeń bombardowania w locie horyzontalnym.

Wstępne szkolenie pierwszych dwunastu pilotów, którzy wykonali po cztery loty Me 262, zakończone zostało 19 lipca 1944 roku. Następnego dnia, 20 lipca 1944 roku, w dniu zamachu na Hitlera, Einsatzkommando Schenk wyposażone w dziewięć samolotów przerzucone zostało do Francji na lotnisko Châteaudun w pobliżu Orleanu. Samoloty Messerschmitt Me 262A-2a należące do Einsatzkommando Schenk nosiły standardowy kamuflaż fabryczny, jednak bez typowych oznaczeń KG 51. Zamiast standardowych kodów kadłubowych maszyny oznaczone były dużymi, pojedynczymi literami.

Akcje bojowe znacznie utrudnił rozkaz Hitlera wydany z obawy, aby któryś z nowych samolotów odrzutowych nie wpadł w ręce wroga, ograniczający prędkość do 750 km/h i zakazujący lotów nurkowych oraz przelotów nad terytorium wroga na pułapie mniejszym niż 4000 metrów. Messerschmitty Me 262 nie odniosły spektakularnych sukcesów nad Normandią. O znikomym znaczeniu ich akcji świadczyć może fakt, iż informacje o ich użyciu nie pojawiły się w żadnym z meldunków alianckiego wywiadu!

Z uwagi na szybkie posuwanie się wojsk alianckich w głąb Francji Einsatzkommando Schenk już 12 sierpnia 1944 roku musiało wycofać się do Étamples, a trzy dni później do Creil. Zmiana lotnisk wiązała się z ogromnymi problemami logistycznymi. Silniki Jumo 004, które stanowiły jednostkę napędową Me 262 miały małą żywotność wynoszącą około 8 godzin pracy. W związku z tym jednostce towarzyszyła zawsze spora kolumna ciężarówek, które przewoziły zapasowe silniki i części zamienne. Dowódcami poszczególnych kolumn transportowych zostali doświadczeni, a obecnie „bezrobotni" nawigatorzy wchodzący dawniej w skład załóg Junkersów Ju 88.

(via Autor)

Maj. Wolfgang Schenk w rozmowie z pilotami swojej jednostki.
Maj. Wolfgang Schenk talking to his pilots.

nation. The planes were designated with large single letters instead of the standard fuselage code.

Combat missions were made much more difficult by Hitler's orders, given in fear that one of the new jet planes should fall into enemy hands, which limited the velocity to 750 km/h and forbid diving and passing over enemy territory at an altitude lower than 4000 meters. Messerschmitts Me 262 didn't win any spectacular victories over Normandy. The small significance of their mission is shown by the fact that information about their use didn't appear in any of the Allies' intelligence reports!

Due to the Allies' fast progress into France, on August 12th, 1944 the Einsatzkommando Schenk already had to move to Étampes and three days later to Creil. The change of airfields created enormous logistic problems. The Jumo 004 engine, which was the Me 262's power plant, had a life of only 8 hours of work. For this reason the unit was always accompanied by a large column of trucks which transported spare engines and parts. The columns were commanded by experienced but now "unemployed" navigators which had earlier been crewmembers of Junkers Ju 88.

On August 22nd, 1944 the Einsatzkommando Schenk had to leave Creil and move even further west to Juvincourt near Reims. Someone forgot to inform one of the transport columns about this – it drove to Creil and fell into enemy hands, providing new Jumo 004 engines to the Allies.

22 sierpnia 1944 roku Einsatzkommando Schenk musiało opuścić Creil i przenieść się jeszcze dalej na zachód do Juvincourt pod Reims. O fakcie tym zapomniano poinformować jedną z kolumn transportowych, która jechała do Creil i wpadła tam w ręce wroga dostarczając Aliantom nowe silniki Jumo 004.

Następnego dnia, 23 sierpnia 1944 roku, jednostka miała zostać zasilona kolejnymi samolotami Me 262. Z dziewięciu samolotów, które wystartowały z Lechfeld do Juvincourt dotarło jednak tylko pięć. Dwa Me 262 rozbiły się już podczas startu wskutek błędów popełnionych przez ich pilotów, którym brakowało doświadczenia ze startem w pełni obciążonym samolotem. Trzecia maszyna, po międzylądowaniu na lotnisku Schwäbisch Hall, nie zdołała się już wznieść w powietrze na skutek defektu technicznego. Pilot czwartego z utraconych Messerschmittów stracił orientację i musiał wylądować przymusowo rozbijając samolot w pobliżu lotniska docelowego.

Z lotniska Juvincourt piloci jednostki wykonywali liczne loty bojowe atakując cele naziemne nad Sekwaną na północny zachód od Paryża oraz w rejonie Melun.

Dnia 28 sierpnia 1944 roku Einsatzkommando Schenk przeniesione zostało do Ath-Chičvres

Next day, on August 23rd, 1944, the unit was supposed to receive more Me 262s. However, out of the nine planes which took off from Lechfeld, only five reached Juvincourt. Two Me 262s crashed already during take-off due to mistakes made by their pilots, who lacked experience in taking-off in a fully loaded plane. The third plane made a mid-landing in Schwäbisch Hall airfield but was then unable to take-off due to a technical defect. The pilot of the fourth lost Messerschmitt lost his sense of direction and had to make a forced landing, crashing his plane near the airfield of destination.

The unit's pilots carried out many combat flights from Juvincourt airfield, attacking ground targets by the Seine to the north-west of Paris and in the area of Melun.

On August 28th, 1944 the Einsatzkommando Schenk was moved to Ath-Chičvres in Belgium. On that day Me 262s belonging to Einsatzkommando Schenk had their first air encounter with Allied fighters. In the late afternoon Maj. Joseph Myers from the 78th Fighter Group USAAF, who was in command of four Thunderbolt fighters covering other planes of the same squadron attacking ground targets, noticed an unusual plane: *We were at an altitude of some 3300 meters to the west of Brussels when I noticed a plane which was flying*

(via Autor)

Messerschmitt Me 262A-1a/Jabo, WNr. 130 179, „czarne F", należący do Einsatzkommando Schenk.
Messerschmitt Me 262A-1a/Jabo, WNr. 130 179, "black F" from Einsatzkommando Schenk.

Ten sam samolot widoczny od tyłu, uwagę zwraca niestandardowy sposób umieszczenia numeru seryjnego (pod usterzeniem poziomym).
The same plane form the rear showing the non-standard placement of the serial number (under the tailplane).

(via Autor)

w Belgii. Tego dnia doszło do pierwszego spotkania w powietrzu Me 262 należącego do Einsatzkommando Schenk z myśliwcami alianckimi. Późnym popołudniem Maj. Joseph Myers z 78th Fighter Group USAAF dowodzący czwórką myśliwców Thunderbolt, które zapewniały osłonę innym samolotom z tego samego dywizjonu atakującym cele naziemne zauważył niezwykły samolot: *Znajdowaliśmy się na wysokości około 3300 metrów na zachód od Brukseli, kiedy zauważyłem maszynę, która leciała bardzo szybko na wysokości około 150 metrów kierując się na południe, sądziłem, iż to B-26. Natychmiast wprowadziłem samolot w nurkowanie, aby upewnić się, czy dobrze rozpoznałem typ, ale pomimo faktu, iż moja prędkość wynosiła okrągłe 720 km/h z ledwością udało mi się dotrzymać tempa nieznanej maszynie. Kiedy znalazłem się około 1500 metrów ponad tym samolotem stwierdziłem, że nie jest to B-26, chociaż wykazywał pewne podobieństwo do Maraudera. Samolot miał szary kamuflaż, długi zaokrąglony nos, nie zdążyłem jednak zauważyć żadnego uzbrojenia, ponieważ maszyna nieco zmieniła kurs wchodząc w bardzo szeroki łuk. Przez cały czas nurkowałem z prędkością 720 km/h, miałem jednak kłopot z przecięciem drogi obcej maszyny, aby zmusić ją do ponownej zmiany kursu. Przeciwnik nie próbował wznieść się wyżej, ani wykonać wirażu ciaśniejszego niż 90 stopni. Zbliżyłem się do niego na odległość 600 metrów i lecąc w stromym nurkowaniu musiałem dodatkowo maksymalnie otworzyć przepustnicę, aby jeszcze bardziej zmniejszyć dzielący nas*

south very fast at an altitude of about 150 meters, I thought it was a B-26. I immediately dived to make sure I recognized the type correctly but although my speed was exactly 720 km/h I could barely keep up with the unknown plane. When I was about 1500 meters above the plane I realized that it wasn't a B-26 although it bore some resemblance to the Marauder. The plane had gray camouflage and a long rounded nose but I didn't notice any armament because it changed its course along a wide arc. All this time I was diving at the speed of 720 km/h but it was a problem to cut across the plane's path of flight and force it to change it's course again. The enemy didn't try to climb any higher or make a turn narrower than 90 degrees. I came within 600 meters of it and although I was in a steep dive I also had to maximally open the throttle valve to decrease the distance between us. Now I noticed that the plane resembled the one which is designated Me 262 on our identification charts. Using the engine's full power and taking advantage of my altitude I managed to approach the enemy. When I was at a distance no bigger than 50 meters from its tail and was about to open fire the enemy suddenly slowed down and made a forced landing in a field full of corn. He touched down just when I opened fire. I saw many hits near the cockpit and on the engines. The plane bounced a few more meters before it stopped and began to burn. The pilot jumped out in the greatest hurry and ran off".[9]

[9] Ethell J. And Price A., op. cit. pp. 27-28.

dystans. Teraz spostrzegłem, iż maszyna przypomina samolot oznaczony na naszych tablicach rozpoznawczych jako Me 262. Dzięki wykorzystaniu pełnej mocy silnika oraz przewagi wysokości udało mi się zbliżyć do nieprzyjacielskiej maszyny, kiedy znalazłem się w odległości nie większej niż 50 metrów od jej ogona i chciałem właśnie otworzyć ogień, nieprzyjaciel gwałtownie zmniejszył prędkość lotu i przymusowo wylądował na polu porośniętym zbożem. Dotknął ziemi dokładnie w chwili, kiedy zacząłem strzelać. Zauważyłem liczne trafienia w pobliżu kabiny i w silniki. Maszyna przeskoczyła jeszcze przez kilka łanów, zanim się zatrzymała i zaczęła się palić. Pilot wyskoczył z niej w największym pośpiechu i odbiegł w bok".[9]

Pilotem zestrzelonego Messerschmitta Me 262 był Ofw. Hyronimus „Ronny" Lauer, który zdecydował się na przymusowe lądowanie sądząc, iż ma Spitfire na ogonie. Kiedy niemiecki pilot odbiegał od wraku ostrzelał go Lt. M. D. Croy, który był numerem 4 w roju Myers'a. Lauer nie został jednak trafiony, powrócił do latania bojowego i przeżył wojnę.

Dwa dni później 30 sierpnia 1944 roku jednostkę przeniesiono na lotniska Volkel i Eindhoven w Holandii. Celem akcji bojowych Me 262 stały się teraz Liege, Antwerpia i rejon kanału Alberta.

W dniu 5 września 1944 roku Einsatzkommando Schenk włączone zostało w skład I./KG 51 i od-

---
[9] Ethell J. i Price A., op. cit. str. 27-28.

The destroyed Messerschmitt Me 262 was flown by Ofw. Hyronimus "Ronny" Lauer, who decided to make a forced landing because he thought he had a Spitfire at his tail. When the German pilot was running away from the wreck he was strafed by Lt. M. D. Croy, who was number 4 in Myer's vic. Lauer wasn't hit however, he returned to combat flights and survived the war.

Two days later, on August 30th, 1944, the unit was moved to Volkel and Eindhoven airfields in Holland. Liege, Antwerp and the Alberta canal area were now the target of the Me 262s' combat missions.

On September 5th, 1944 Einsatzkommando Schenk became part of the I./KG 51 and now operated under this squadron. During the next few weeks, from the beginning of October of 1944, the unit's commander Maj. Schenk along with a small group called Kommando Edelweiâ tested two experimental Messerschmitts Me 262A-2a/U1 (WNr. 130 164, SQ+WD and 130 188, SE+XJ) equipped with TSA sights. Tests showed that using the half-automatic TSA sight, which enabled bombing both during diving and during horizontal flight, increased the precision of bombing four times in comparison with the Revi 16B sight used earlier.

The activity of Einsatzkommando Schenk was summed up by Fritz Wendel in a report prepared on October 27th, 1944: *Within around two months*

(via Autor)

Jeszcze jedno ujęcie samolotu Me 262A-1a/Jabo „czarne F" z Einsatzkommando Schenk.
Another view of Me 262A-1a/Jabo "black F" from Einsatzkommando Schenk.

tąd operowało w ramach tego dywizjonu. Dowódca jednostki Maj. Schenk na czele niewielkiego oddziału wydzielonego Kommando Edelweiß testował przez kilka kolejnych tygodni, do początku października 1944 roku, dwa samoloty eksperymentalne Messerschmitt Me 262A-2a/U1 (WNr. 130 164, SQ+WD i 130 188, SE+XJ) wyposażone w celowniki TSA. Próby wykazały, iż zastosowanie półautomatycznego celownika TSA umożliwiającego bombardowanie zarówno w locie nurkowym, jak i horyzontalnym poprawiło czterokrotnie celność bombardowania w porównaniu ze stosowanym dotychczas celownikiem Revi 16B.

Działalność Einsatzkommando Schenk podsumował Fritz Wendel w raporcie przygotowanym w dniu 27 października 1944 roku: *Einsatzkommando Schenk, aż do przybycia 2. Staffel, w ciągu około dwóch miesięcy wykonało przeszło 400 lotów bojowych. Podczas lotu bojowego zrzucano bomby burzące o wadze 250 i 500 kg oraz bomby odłamkowe o wadze 1 kg umieszczane w zasobnikach. Nie zestrzelono ani jednej maszyny nieprzyjaciela. Poza dwoma lub trzema przypadkami nie podjęto nawet takich prób. Nie wykorzystywano również broni pokładowej przeciwko celom naziemnym.*

Użycie bojowe zostało utrudnione rozkazem, najprawdopodobniej wydanym w sierpniu tego roku przez Sztab Generalny Luftwaffe, który nie pozwalał samolotom przekraczać prędkości maksymalnej 750 km/h, latać poniżej pułapu 4000 metrów i wykonywać lotów nurkowych. Ograniczenia te nie wynikały z żadnych przyczyn technicznych. Przy Me 262 w jego obecnej wersji celny zrzut bomb możliwy jest jedynie podczas lotu z nachyleniem do przodu o 35 stopni, czyli w płaskim locie nurkowym. Poza tym Major Schenk jest specjalistą w dziedzinie bombardowania w locie nurkowym i wszyscy jego piloci zostali przeszkoleni w tego rodzaju zrzucie bomb. Podczas ćwiczebnych bombardowań, przed rozpoczęciem działań bojowych, większość pilotów trafiała w koło o średnicy 50 metrów.

Akcje bojowe prowadzono w ramach operacji na dużym obszarze, to znaczy, że nadrzędna jednostka, czyli Luftwaffenkommando West (Dowództwo Lotnictwa Wojskowego Zachód – przyp. aut.) przekazywało każdego wieczora obszar działania na dzień następny lub też na kilka dni naprzód. Był to na przykład obszar miasta Lüttich (na kilka dni) lub rejon Nijmegen. Wszyscy piloci wykonywali z zapałem po-

(via Autor)

Pierwszym pilotem alianckim, który zapisał na swoje konto zwycięstwo nad Me 262 był Maj. Joseph Myers z 78th Fighter Group USAAF (na zdjęciu z prawej), który 28 sierpnia 1944 roku zmusił do przymusowego lądowania samolot pilotowany przez Ofw. Hyronimusa „Ronny" Lauera z Einsatzkommando Schenk.
The first Allied pilot to win a victory over a Me 262 was Maj. Joseph Myers from 78th Fighter Group USAAF (right), who forced Ofw. Hyronimus "Ronny" Lauer from Einsatzkommando Schenk to land on August 28, 1944.

before the arrival of the 2. Staffel the Einsatzkommando Schenk carried out over 400 combat flights. 250kg and 500kg demolition bombs as well as 1 kg fragmentation bombs were dropped during combat flights. No enemy planes were shot down. Besides two or three cases, no such attempts were made. The guns were also not used for attacking ground targets.

Combat use was hindered by an order, issued probably in August this year by the Luftwaffe General Staff, which did not allow the planes to be flown at a velocity higher than 750 km/h, at an altitude lower than 4000 meters and forbid diving. These limitations were not given for any technical reasons. In the current version of Me 262 it's only possible to aim well while dropping bombs during flight with a forward inclination of 35 degrees, which is a flat dive. Besides, Major Schenk is a specialist in dropping bombs during a dive and all of his pilots were trained in this method. Most of the pilots could hit a circle with a diameter of 50 meters during training before combat duty.

Combat actions were carried out as part of a large-area operation, which means that each evening

wierzone zadania, podczas pogodnych dni odbywając do pięciu lotów bojowych. Oczywiście, aby nie łamać wspomnianego wyżej rozkazu, można było wykonywać loty bojowe tylko wówczas, gdy podstawa chmur w rejonie celu znajdowała się na wysokości nie mniejszej niż 4000 metrów.

Pewnego razu Major Schenk stwierdził, iż w rejonie Nijmegen, kilka dni po desancie wroga, zbudowane zostało nowe lotnisko z pasem startowym. Na tym lotnisku, bez maskowania, stało w rzędzie około 80 do 100 samolotów myśliwskich. Major Schenk zainstalował w swoim samolocie kamerę typu Robot i sfotografował wspomniane lotnisko. Zdjęcia przekazane zostały do Luftwaffenkommando West. Po około 14 dniach wróciły z powrotem z adnotacją, iż ich analiza przyniosła wymierne korzyści dla dalszego prowadzenia działań wojennych. W międzyczasie Major Schenk, z własnej inicjatywy, zbombardował to oraz jeszcze jedno lotnisko odkryte przy innej okazji, skuteczności nalotu nie można było jednak stwierdzić.

Me 262 również, jako samolot bombowy, jest bardzo wartościową bronią przy założeniu jego właściwego użycia. W ścisłej współpracy z jednostkami naziemnymi, podobnie jak w przypadku artylerii lub Stukasów (Ju 87),w powiązaniu z wykorzystaniem ostrzału z działek pokładowych, możliwe jest uzyska-

the superior unit, Luftwaffenkommando West (Air Force Command West – author's note), transmitted the area of operation for the next day or few days. These were for example the area of the town Lüttich (for several days) or the area of Nijmegen. All of the pilots enthusiastically performed their tasks, carrying out up to five combat flights during clear days. Of course, according to the orders mentioned above, combat flights could only be carried out when the cloud base in the target area was no lower than 4000 meters.

One day Major Schenk discovered that several days after an enemy landing operation, a new airfield and runway were built in the Nijmegen area. Approximately 80-100 unmasked fighters stood on this airfield in one row. Major Schenk installed a Robot-type camera in his plane and photographed the airfield. The photos were sent to Luftwaffenkommando West. After about 14 days they returned with an annotation that their analysis was of significant benefit to combat operations. Meanwhile Major Schenk, of his own initiative, assaulted this and one other airfield discovered at another occasion, but the efficiency of his attack could not be determined.

The Me 262 is also a very valuable bomber if it's used correctly. In strict cooperation with ground units, as is the case with artillery or Stukas (Ju 87),

Kettenkrad służył do holowania samolotów Me 262 po płycie lotniska. W głębi Me 262A-2a należące do 1./KG 51 na lotnisku Rheine późną jesienią 1944 roku.
The Kettenkrad was used to tow Me 262s at airfields. In the background are Me 262A-2a's belonging to 1./KG 51 at Rheine airfield. Late Fall, 1944.

(via Autor)

Messerschmitt Me 262A-2a należący do 2./KG 51 na lotnisku Rheine, późna jesień 1944 roku.
Messerschmitt Me 262A-2a on strength with 2./KG 51 at Rheine airfield. Late Fall, 1944.

nie istotnych sukcesów na froncie i bezpośrednim zapleczu nieprzyjaciela, co jest wykluczone w przypadku zrzutu bomb gdziekolwiek w głębi obszaru zajętego przez wroga. Początkowo piloci, pomimo rozkazu, przeprowadzali bombardowanie w płytkim nurkowaniu. Ponieważ jednak nie wskazano im żadnych celów punktowych, a w tym czasie trzy samoloty nie wróciły do bazy z niewiadomych przyczyn, a czwarty podczas przekraczania linii frontu został zaskoczony i zestrzelony przez nieprzyjacielskie myśliwce (pilot wylądował na spadochronie po niemieckiej stronie frontu), powrócono wówczas do niecelnych nalotów z wysokości 4000 metrów. Niebezpieczeństwa zaskakującego ataku przeprowadzonego przez nieprzyjacielskie myśliwce nie można jednak wykluczyć i w takim przypadku.[10]

Kampfgeschwader 51 „Edelweiß" (KG 51)

W maju 1944 roku I./KG 51, którym dowodził Maj. Heinz Unrau, znajdował się na lotnisku Dreux/St. Andre we Francji. Zadaniem dywizjonu wyposażonego w dwusilnikowe Messerschmitty Me 410 było prowadzenie nocnych nalotów nękających na cele położone na Wyspach Brytyjskich. W dniu 23 maja jednostka otrzymała rozkaz przebazowania na terytorium Rzeszy. Nową bazą okazało się lotnisko Lechfeld, gdzie od lat prowadzono próby wszystkich nowych kon-

with the use of deck guns, it's possible to win significant victories on the front and the enemy home front, which is impossible when dropping bombs anywhere deeper inside enemy territory. At first the pilots bombed in a shallow dive, which was against orders. Later, since no specific targets were given and three of the planes didn't return to base for unknown reasons while a fourth was taken by surprise and shot down by enemy fighters while crossing the front (the pilot parachuted on the German side of the front), the pilots returned to imprecise strafes from 4000 meters. The threat of a surprise attack by enemy fighters exists even now however.[10]

Kampfgeschwader 51 "Edelweiß" (KG 51)

In May of 1944 the I./KG 51 commanded by Maj. Heinz Unrau was located at Dreux/St. Andre airfield in France. The squadron was equipped with twin-engine Messerschmitts Me 410 and had orders to carry out night harassing raids against targets located in the British Isles. On May 23rd the unit received orders to move to Reich territory. It turned out that their new airbase would be Lechfeld airfield, where tests of all new constructions produced in the Messerschmitt plant had been carried out for many years. On June 2nd, 1944 the squadron handed over all of its Me 410's and its pilots were informed that they would soon

---

[10] TA-Bericht/H. Wendel, Messerschmitt A.G. Augsburg, IV W-07-44, 27.10.44.

[10] TA-Bericht/H. Wendel, Messerschmitt A.G. Augsburg, IV W-07-44, 27.10.44.

strukcji wyprodukowanych w zakładach Messerschmitt. Dnia 2 czerwca 1944 roku dywizjon przekazał wszystkie znajdujące się na jego stanie samoloty typu Me 410, a jego pilotów poinformowano, iż wkrótce rozpoczną szkolenie na zupełnie nowym samolocie. Szkolenie rozpoczęło się 20 lipca 1944 roku. Już 10 sierpnia 1944 roku I./KG 51 posiadał na stanie 33 maszyny typu Messerschmitt Me 262. Z początkiem września 1944 roku jednostka osiągnęła siłę pełnego dywizjonu i przebazowana została na lotnisko Rheine/Westfalen, gdzie dołączyły do niej samoloty wchodzące wcześniej w skład Einsatzkommando Schenk. I./KG 51 natychmiast aktywnie włączył się do akcji bojowych tracąc 8 września 1944 roku swojego pierwszego pilota. Nad Diest zestrzelony został przez artylerię przeciwlotniczą Me 262, który pilotował Lt. Rolf Weidemann. Niemiec zginął w szczątkach maszyny, która rozbiła się po alianckiej stronie frontu. Silniki Messerschmitta przetrwały jednak katastrofę w dobrym stanie i zostały przesłane do Anglii w celu przeprowadzenia badań.

Dwa dni później artyleria przeciwlotnicza zestrzeliła nad Liege kolejnego Me 262 (9K+LL) należącego do I./KG 51. Także jego pilot, Oblt. Werner Gärtner, poniósł śmierć. W tym czasie inni piloci I./KG 51 zgłosili zestrzelenie samolotu brytyjskiego. Był to prawdopodobnie rozpoznawczy Mosquito, stracony w tamtym rejonie przez RAF.

12 września 1944 roku zginął Uffz. Herbert Schnauder, którego samolot oznaczony kodem 9K+AL omyłkowo zestrzelony został w rejonie Arnhem przez niemiecką baterię artylerii przeciwlotniczej.

Do dużego natężenia lotów bojowych doszło podczas zwalczania alianckiej operacji „Market-Garden", która rozpoczęła się desantem spadochroniarzy w dniu 17 września i trwała do 27 września 1944 roku. Jedną z takich akcji, przeprowadzoną 24 września 1944 roku, były loty rozpoznawcze i próby zbombardowania brytyjskich pozycji w rejonie mostu w Nijmegen. Ich świadkiem był brytyjski żołnierz Gunner L. C. Betts z C Troop, 405 Battery, 123 Light AA Regiment: *W następstwie lądowania naszych spadochroniarzy w niedzielę 17 września i po przeżyciu licznych przygód, moja bateria dotarła w następną sobotę w nocy do Nijmegen, gdzie rozmieszczono ją w pobliżu znajdującego się tam sławnego mostu.*

(via Autor)
Obsługa naziemna podczas podwieszania bomby SC 250, KG 51, grudzień 1944 roku.
KG 51 ground service during SC 250 bomb suspending, December of 1944.

begin training on a completely new kind of plane. The training began on July 20th, 1944. Already on August 10th, 1944 the I./KG 51 had 33 Messerschmitts Me 262. At the beginning of September, 1944 the unit grew to the size of a full squadron and moved to Rheine/Westfalen airfield were it also received planes which had earlier been part of Einsatzkommando Schenk. The I./KG 51 immediately participated in combat flights and on September 8th, 1944 lost its first pilot. A Me 262 piloted by Lt. Rolf Weidemann was shot down over Diest by AA artillery. The German pilot was killed in the wreckage of the plane, which crashed on the Allies' side of the front. The Messerschmitt's engines survived the crash and were sent to England for investigation.

Two days later AA artillery shot down another of I./KG 51's Me 262s (9K+LL) over Liege. Its pilot, Oblt. Werner Gärtner, was also killed. Meanwhile other I./KG 51 pilots claimed a British plane. It was probably a reconnaissance Mosquito, lost by RAF in that area. On September 12th, 1944 Uffz. Herbert Schnauder was killed when his plane, designated 9K+AL, was accidentally shot down in the area of Arnhem by a German AA artillery battery.

Wczesnym rankiem w niedzielę nad nasze stanowiska nadleciała formacja Messerschmittów 109, do których otworzyliśmy ogień; nie zobaczyliśmy ich już więcej w tym rejonie. Teraz na scenę wkroczyły Me 262, zwykle pojawiając się w pojedynkę. Zbliżały się do mostu lecąc na wysokości pomiędzy 5000 a 10.000 stóp, kiedy usłyszałeś ich wycie znajdowały się już o ćwierć mili przed tobą. Jak tylko otwieraliśmy ogień otwierały maksymalnie przepustnice i zmykały. Mając ustawiony przelicznik celownika na 400 mil/h nigdy nie byliśmy w stanie za nimi nadążyć. Sądzę, iż ich głównym zadaniem było rozpoznanie, jednak przenosiły również zasobniki z bombami przeciwpiechotnymi, które zrzucały nad naszymi liniami, co było bardzo dokuczliwe. Nigdy nie udało nam się trafić żadnego z nich, ale skutecznie je odpędzaliśmy".[11]

W dniu 30 września 1944 roku sześć Spitfire należących do 441 dywizjonu RCAF zaatakowało parę Me 262 z I./KG 51, które obładowane bombami kierowały się nad Nijmegen. Kanadyjczycy otworzyli ogień do odrzutowców, które natychmiast pozbyły się bomb i z maksymalną prędkością umknęły z pola walki.

2 października 1944 roku Ofw. Hyronimus „Ronny" Lauer z I./KG 51 po raz drugi spotkał się w powietrzu z amerykańskimi Thunderboltami, które tym razem należały do 386th Fighter Squadron, 365th Fighter Group z 9th Air Force. My-

[11] Foreman John i Harvey S. E.: The Me 262 Combat Diary, b.m.w. 1995, str. 60.

Combat flights became more frequent during the Allies' operation "Market-Garden" which began with a paratrooper landing operation on Septemebr 17th and lasted until September 27th, 1944. One of these missions was carried out on September 24th, 1944 – its aim, besides reconnaissance flights, was an attempt to bomb British positions around the bridge in Nijmegen. Gunner L. C. Bretts, a British soldier from C Troop, 405 Battery, 123 Light AA Regiment, witnessed the mission: *After our paratroopers landed on Sunday, September 17th, and after many adventures, my battery reached Nijmegen on the following Saturday night and was deployed near the famous bridge.*

Early morning on Sunday a formation of Messerschmitts 109 reached our positions. We opened fire, and never saw them in the area again. Now Me 262s appeared on the scene; we usually saw single planes. They approached the bridge flying at an altitude between 5000 and 10.000 feet, when you heard their wail they were already a quarter of a mile ahead of you. As soon as we opened fire they accelerated to full throttle and escaped. With our telescope counters set to 400 mph we were never able to catch up with them. I suppose their main objective was reconnaissance but they also carried anti-personnel bombs and dropped them on our positions which was quite a nuisance. We never managed to hit any of them, but we did scare them away".[11]

[11] Foreman John and Harvey S. E.: The Me 262 Combat Diary, New Malden, Surrey 1995, pg. 60.

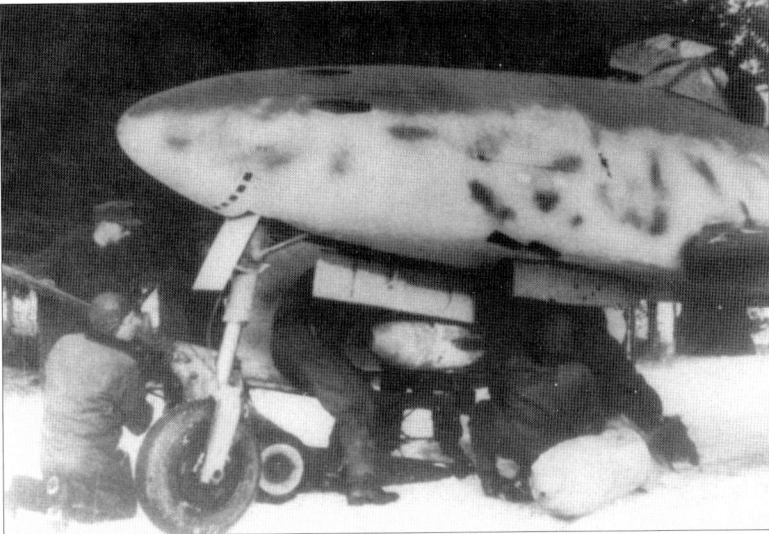

Ta sama scena z innej perspektywy. Z lewej strony widoczny podnośnik hydrauliczny.

The same scene from another view. On left visible is hydraulic lift.

(via Autor)

śliwce amerykańskie osłaniały inną grupę P-47, które atakowały linie kolejowe w rejonie Düsseldorf. Jeden z pilotów lecących niżej myśliwców bombardujących spostrzegł w pewnym momencie cztery Me 262 i krzyknął przez radio: *Mój Boże, a cóż to jest?* Capt. Valmore J. Beaudrault dowodzący osłoną myśliwską znajdującą się na wysokości 3000 metrów rozejrzał się wokół i zauważył cień samolotu chowającego się w dole w chmurach. Amerykanin natychmiast ruszył w pościg, kiedy jednak wynurzył się z chmur zobaczył w pobliżu jedynie swojego bocznego, którym był Lt. „Pete" Peters. Chwilę później w zasięgu wzroku pojawił się również odrzutowiec. Niemiecki pilot zamiast umknąć prześladowcom zatoczył szeroki łuk i zaatakował Amerykanów od czoła otwierając ogień z działek. Thunderbolty wykonały unik i samoloty minęły się z dużą prędkością. Ofw. Lauer powtórzył swój atak jeszcze kilka razy, Amerykanie jednak za każdym razem zdołali uniknąć jego ognia. W pewnym momencie u wylotów dysz silników Me 262 pojawił się biały dym, a samolot raptownie wytracił prędkość. Beaudrault natychmiast zrozumiał, co się stało, Niemcowi skończyło się paliwo. Thunderbolt niezwłocznie przeszedł do kontrataku, ponieważ Lauer był już zbyt nisko na skok na spadochronie zaczął wykonywać rozpaczliwe uniki. W pewnym momencie Messerschmitt zawadził jednym skrzydłem o ziemię i eksplodował. „Ronny" Lauer i tym razem miał niezwykłe szczęście. Pomimo odniesienia ciężkich ran przeżył katastrofę.

W tym czasie kilka innych Me 262 należących do I./KG 51 zaatakowało lotnisko w Grave, na którym stacjonowały dwa dywizjony Tempestów (80 i 274 dywizjon RAF), dwa dywizjony najnowszych myśliwców Spitfire Mk. XIVE wyposażonych w silniki Griffon (130 i 402 dywizjon RAF) oraz 127 kanadyjskie skrzydło z trzema dywizjonami Spitfire Mk. IXB. Nalot opisał historyk 421 dywizjonu kanadyjskiego: *Atak rozpoczął się o godzinie 11.00, kiedy to samotny odrzutowiec z wysokości 900 metrów obrzucił płytę lotniska bombami odłamkowymi. Trzech pilotów odniosło rany, a jeden oficer i sześciu kolejnych pilotów doznało lżejszych obrażeń. Namioty były podziurawione odłamkami, wyposażenie żołnierzy zostało uszkodzone. Natychmiast wykopano rowy przeciwodłamkowe, a stalowe hełmy ponownie weszły w modę. Po południu miał miejsce kolejny na-*

On September 30th, 1944 six Spitfires of the 441st Sqn RCAF attacked a couple of Me 262s of the I./KG 51 which were heading for Nijmegen loaded with bombs. The Canadians opened fire on the Germans, who immediately got rid of their bombs and escaped at full throttle.

On October 2nd, 1944 Ofw. Hyronimus "Ronny" Lauer from the I./KG 51 had a second encounter with American Thunderbolts which were now part of the 386th Fighter Squadron, 365th Fighter Group of the 9th Air Force. The American fighters were covering another group of P-47s attacking a railway line in the area of Düsseldorf. A pilot of one of the lower-flying bomber fighters sighted four Me 262s and shouted through the radio: *My God, what is that?* Capt. Valmore J. Beaudrault, in command of the group of covering fighters which were flying at an altitude of 3000 meters looked around and noticed a shadow of a plane hidden in the clouds below. The American immediately gave chase, but when he emerged from the clouds all he saw was his wingman, Lt. "Pete" Peters. A moment later the jet also appeared. The German pilot didn't escape his pursuers but instead made a big circle and attacked the Americans from the front, opening fire from his guns. The Thunderbolts evaded him and the planes passed each other at high velocity. Ofw. Lauer repeated his attack a few more times, but the Americans managed to avoid his fire. Suddenly white smoke appeared at the Me 262's jet nozzles and the plane quickly lost speed. Beaudrault immediately understood what had happened, the German ran out of fuel. The Thunderbolt quickly counterattacked and since Lauer was too low to parachute, he began desperate evasive action. The Messerschmitt's wing knocked against the ground and exploded. "Ronny" Lauer was once again extremely lucky. Despite suffering heavy wounds he survived the crash.

At this time a few other Me 262s of the I./KG 51 attacked the airfield in Grave. Two squadrons of Tempests (80th and 274th Sqn RAF), two squadrons of newest Spitfire Mk. XIVE fighters equipped with Griffon engines (130th and 402nd Sqn RAF) and the Canadian 127th Wing with three squadrons of Spitfires Mk. IXB were stationed there.. The attack was described by a historian of the Canadian 421st Sqn: *The attack began at 11:00,*

lot, tym razem jednak bomby spadły daleko od lotniska. Trzeci nalot spowodował jednak liczne ofiary śmiertelne pośród zakwaterowanego na skraju lotniska personelu RAF. Również kilku holenderskich cywilów z najbliższego otoczenia lotniska odniosło rany.[12]

Trzy dni później Kanadyjczycy z 401 dywizjonu pilotujący myśliwce Spitfire Mk. IX zrewanżowali się I./KG 51. Jak wspomina dowódca dywizjonu kanadyjskiego Sqn. Ldr. Roy I. A. Smith: *Po południu 401 dywizjon, który dwa dni wcześniej zajął małe, trawiaste lotnisko w pobliżu wsi Rips w południowo wschodniej Holandii, wysłany został na patrol w rejon mostu drogowego w Nijmegen. Patrol ten odróżniały od innych dwie nietypowe rzeczy. Po pierwsze lecieliśmy wyjątkowo wysoko, jak na samoloty należące do lotnictwa taktycznego, znajdowaliśmy się, bowiem na pułapie 4000 metrów, a po drugie niebo było wyjątkowo czyste po dwóch lub trzech tygodniach niemal całkowitego zachmurzenia.[13]*

Znajdowaliśmy się o osiem kilometrów na północny wschód od mostu. Lecieliśmy kursem północno wschodnim, kiedy spostrzegłem pojedynczego Me 262, nadlatującego przeciwnym kursem 150 metrów poniżej naszej formacji. Messerschmitt wyrwał do góry zakręcając w lewo, a ja wychyliłem ster w prawo i wraz z kilkoma innymi Spitfire zanurkowałem prosto na niego rozpoczynając pościg. Chwilę później Messerschmitt, po wykonaniu kilku zwrotów, z dużą szybkością skierował się na most, a następnie wykręcił beczkę i przeleciał nad Nijmegen. Zauważyłem, jak jeden ze Spitfire trafił go kilkoma pociskami, u nasady prawego skrzydła Me 262 pojawiła się biała smuga dymu. Nieprzyjacielski samolot przez cały czas leciał bardzo szybko, jednak udało mi się zbliżyć do niego od tyłu. Z odległości 250 do 180 metrów oddałem dwie trzy sekundowe serie. Messerschmitt wyrwał w górę, a ja zauważyłem trafienie w gondole obu silników.."[14]

W tej samej chwili Messerschmitta zaatakował Flight Lieutenant Hedley Everard: *Półbeczką zbliżyłem się do Me 262, który umknął płaską spirala w dół. Pierwszą serię oddałem z odległości dobrych 800 metrów, przez cały czas kontynuując pościg. Kiedy Messerschmitt znajdował się na wysokości 1500 metrów obniżył wysokość lotu i skręcił na południe.*

---

[12] Ethell J. i Price A., op. cit. str. 33.
[13] Foreman J. i Harvey S. E., op. cit. str. 68.
[14] Ethell J. i Price A., op. cit. str. 34.

when a single jet dropped fragmentation bombs on the apron area from 900 meters. Three pilots were wounded, and one officer and six other pilots suffered minor injuries. The tents were riddled by shrapnel, the soldiers' equipment was damaged. Anti-shrapnel ditches were immediately dug out and steel helmets became popular again. There was another raid in the afternoon, but this time the bombs dropped far from the airfield. The third raid however resulted in many casualties among RAF personnel quartered at the edge of the airfield. Some Dutch civilians in the nearest vicinity of the airfield were also wounded.[12]

Three days later Canadians from the 401st Sqn flying Spitfires Mk. IX got their revenge on the I./KG 51. Commander of the Canadian squadron, Sqn. Ldr. Roy I. A. Smith recalls: *In the afternoon the 401st Sqn, which had located itself at a small, grassy airfield near the village Rips in southeast Holland two days earlier, was sent on a patrol in the area around a road bridge in Nijmegen. This patrol was different than the others in two ways. First of all, we were flying at a very high altitude for tactical planes – at an altitude of 4000 meters – and*

---

[12] Ethell J. and Price A., op. cit. pg. 33.

(via Autor)

Przygotowany do akcji bojowej Me 262 należący do KG 51, pod kadłubem dwie bomby SC 250, grudzień 1944 r.
A Me 262 from KG 51 ready for a combat mission with two SC 250 bombs under the fuselage. December, 1944.

Zmniejszyłem obroty silnika, aby go nie wyprzedzić i ostrzelałem go z odległości zaledwie 140 metrów tym razem wyłącznie z karabinów maszynowych. Zauważyłem białą smugę dymu, a Me 262 przyspieszył i oddalił się.[15]

Jako trzeci do pościgu przyłączył się Flight Officer John Mac Kay: *Zbliżyłem się do Me 262 od tyłu, ścigając go aż w pobliże ziemi i ostrzeliwując za każdym razem, kiedy tylko pojawił mi się w celowniku. Zauważyłem trafienia w tylnej części kadłuba oraz w gondolach obu silników. Samolot nieprzyjacielski okazał się zaskakująco zwrotny. Jego pilot musiał być świetny, ponieważ doskonale panował nad swoją maszyną...*[16]

Kolejnym pilotem, który dopadł samotnego Messerschmitta był Flying Officer A. L. Sinclair: *Sekcja czerwona pierwsza otworzyła ogień i podprowadziła Me 262 pod lufy sekcji niebieskiej. Wykona-*

second of all, the sky was very clear after two or three weeks of almost overcast.[13]

We were eight kilometers away from the bridge, to its north-east. We were flying north-east when I sighted a single Me 262 coming from the opposite direction 150 meters below our formation. The Messerschmitt began a steep climb while turning left and I turned right, diving straight at him with a few other Spitfires and starting the pursuit. A moment later the Messerschmitt, after a few turns, headed very fast in the direction of the bridge, then rolled and passed over Nijmegen. I noticed that one of the Spitfires hit it with a few projectiles and a white strip of smoke appeared by the Me 262's right wing root. The enemy plane was still flying very fast but I managed to approach it from behind. I fired two three-second bursts from a distance of 250 – 180 meters. The Messerschmitt suddenly climbed and I saw that I had hit both engine nacelles..."[14]

---

[15] Tamże.
[16] Tamże.

[13] Foreman J. and Harvey S. E., op. cit. pg. 68.
[14] Ethell J. and Price A., op. cit. pg. 34.

(via Autor)

Messerschmitt Me 262A-2a należący do 5./KG 51 podczas prób podwozia. Przód kadłuba czerwony, podobnie jak końcówka usterzenia pionowego.
Messerschmitt Me 262A-2a on strength with 5./KG 51 during landing gear tests. The nose and tail fin tip are red.

(via Autor)

Na pierwszym planie dwaj piloci 5./KG 51, w głębi Me 262A-2a, 9K+BH z 5./KG 51. Na boku kadłuba widoczne godło jednostki, biała szarotka.

Foreground: Two pilots from 5./KG 51. Background: Me 262A-2a, 9K+BH from 5./KG 51. Edelweiss, the squadron emblem, is painted on the fuselage.

łem zawrót w jego stronę wystrzeliwując cztero lub pięciosekundową serię, zauważyłem trafienia, ale atak przerwały mi dwa inne samoloty, które nadleciały od góry i przydusiły mnie do ziemi.[17]

Nierówną walkę zakończył wreszcie Flight Lieutenant R. M. Davenport: *W końcu zbliżyłem się od tyłu na odległość 240 metrów i w ciągu kolejnych dziesięciu czy dwunastu sekund wystrzelałem całą amunicję. Widziałem, jak serie trafiają go w silniki i w kadłub. Samolot już się palił. Wyglądało na to, iż pilot nie jest ranny, ponieważ przez cały czas panował nad samolotem, kiedy jednak zrozumiał bezsens dalszego kontynuowania walki, spadając już w dół spróbował jeszcze staranować czerwoną 1 (Smith), aż wreszcie jego maszyna rozleciała się eksplodując po uderzeniu w ziemię.*[18]

Pilotem, który wzbudził tak ogromny szacunek dla swoich umiejętności u Kanadyjczyków okazał się Hptm. Hans-Christof Büttman z I./KG 51. Pomimo faktu, iż był doskonałym lotnikiem i odważnym pilotem nie był w stanie uniknąć zestrzelenia

At the same moment the Messerschmitt was also attacked by Flight Lieutenant Hedley Everard: *I approached the Me 262 with half a roll, but it escaped downwards in a flat spiral. I fired my first burst from at least 800 meters, continuing the pursuit. When the Messerschmitt was at an altitude of 1500 meters it dropped and turned south. I reduced my engine power so as not to overtake it and fired at him from only 140 meters away, this time only using my machine guns. I noticed a white streak of smoke and the Me 262 accelerated and flew off.*[15]

The third to join the pursuit was Flight Officer John Mac Kay: *I approached the Me 262 from the rear, chasing it down to the ground and firing every time it appeared in my sight. I noticed hit marks in the rear of the fuselage and in both engine nacelles. The enemy plane proved exceptionally maneuverable. Its pilot must've been great, he had absolute control over his plane...*[16]

The next pilot to attack a single Messerschmitt was Flying Officer A. L. Sinclair: *The red*

---

[17] Foreman J. i Harvey S. E., op. cit. str. 70.
[18] Ethell J. i Price A., op. cit. str. 34.

[15] Ibidem.
[16] Ibidem.

w walce z całym dywizjonem Spitfire. Należy podkreślić, iż Büttman był pilotem bombowym i brakowało mu jakiegokolwiek doświadczenia taktycznego w walce powietrznej. Jego ciało odnaleziono w niewielkiej odległości od wraka Me 262, spadochron nie zdążył się otworzyć, ponieważ Büttman opuścił maszynę na wysokości zaledwie 30 metrów.

Tego samego dnia I./KG 51 stracił jeszcze jednego pilota, Uffz. Gerhard Franke zginął w wypadku rozbijając maszynę w pobliżu Nordhorn.

W związku z dużą aktywnością Messerschmittów Me 262 Alianci rozpoczęli loty patrolowe zwane „Rat-catching" (łapanie szczurów). Ponieważ myśliwce alianckie, z uwagi na przewagę prędkości niemieckich odrzutowców, miały niewielkie szanse na przechwycenie Me 262, alianckie stacje radarowe, po wykryciu w powietrzu odrzutowców, natychmiast meldowały o tym fakcie do dowództwa lotnictwa myśliwskiego, które wysyłało wówczas patrole myśliwskie w rejon Achmer lub Hopsten, gdzie stacjonowały samoloty odrzutowe. Brytyjscy lub amerykańscy piloci myśliwscy oczekiwali wówczas na powrót odrzutowców do bazy starając się zaskoczyć Niemców podczas podchodzenia do lądowania. 6 października 1944 roku podczas jednego z takich patroli Lieutenant C. W. Mueller z 353rd Fighter Group zauważył nad Rheine dwa podchodzące do lądowania z wysuniętym podwoziem samoloty odrzutowe, które zidentyfikował jako Me 262 i He 280. Natychmiast skierował swojego P-47 w dół i skutecznie ostrzelał jeden z odrzutowców, który rozbił się na płycie lotniska. Wrak nie zapalił się jednak, co potwierdzało, iż Niemiec nie miał już paliwa. Pilot Messerschmitta Fw. Joachim Fingerloos z I./KG 51 został ciężko ranny.

W dniu 13 października 1944 roku pierwszy sukces w walce z Me 262 należącymi do I./KG 51 odniósł pilot Tempesta RAF, Pilot Officer Bob Cole z 3 dywizjonu. Pilot Me 262 Uffz. Edmund Delatowski zauważył nadlatującego od tyłu Tempesta i dodał gazu wprowadzając jednocześnie samolot w nurkowanie. Anglik wpadł w strugi gorącego powietrza wydobywającego się z obu silników odrzutowca i musiał odbić w bok. Nie zrezygnował jednak z pościgu, zmienił kurs, maksymalnie otworzył przepustnicę i lekko nurkując podążył w ślad za Me 262. Udało mu się uzyskać prędkość 770 km/h, ale nie zdołał zmniejszyć odległości dzielącej go od niemieckiego samolotu. Kontynuował pościg

section was the first to open fire and so it led the Me 262 towards the gun barrels of the blue section. I made a turn towards it and after firing a four or five second volley I noticed hit marks, but my attack was disturbed by two other planes which approached me from above and pressed me down to the ground.[17]

The uneven fight was ended by Flight Lieutenant R. M. Davenport: *Finally, I came within 240 meters of the enemy plane and fired my whole ammunition within the next ten or twelve seconds. I saw the bursts hit its engines and fuselage. The plane was already burning. It seemed that the pilot wasn't wounded because the plane was in his control the whole time, but when he realized the futility of continuing the fight, already plunging down he tried to ram into red 1 (Smith) and then his plane exploded when it finally hit the ground.*[18]

The pilot who gained such respect for his skill among the Canadians was Hptm. Hans-Christof Büttman from the I./KG 51. Despite the fact that he was a great and bold pilot, he couldn't survive an encounter with a whole squadron of Spitfires. It should be noted that Büttman was a bomber pilot and didn't have any tactical experience in aerial combat. His body was found near the wreck of his Me 262 – the parachute failed to open because Bütmann jumped at an altitude of only 30 meters.

On the same day the I./KG 51 lost another pilot, Uffz. Gerhard Franke, who was killed in an accident when his plane crashed near Nordhorn.

As a result of the increased activity of Messerschmitts Me 262 the Allies initiated patrol flights called "Rat-catching". SinceAllied fighters didn't stand much chance of intercepting the Me 262s because of the latter's speed advantage, Allied radar stations reported all discovered jets to fighter command, which then sent fighter patrols in the area of Achmer or Hopsten where the jets were stationed. British and American fighter pilots awaited the jets' return to base and attempted to surprise the Germans when they were about to land. During one of these patrols on October 6th, 1944 Lieutenant C. W. Mueller of the 353rd Fighter Group sighted two jet planes over Rheine

---

[17] Foreman J. and Harvey S. E., op. cit. pg. 70.
[18] Ethell J. and Price A., op. cit. pg. 34.

nad Holandią, w pewnym momencie, po przeleceniu 65 kilometrów, kiedy Anglik stracił już nadzieję na sukces, Delatowski popełnił błąd zmniejszając prędkość lotu, ponieważ był przekonany, iż pozbył się już prześladowcy. Cole tylko na to czekał. Zbliżył się na odległość skutecznego strzału i oddał kilka serii z działek: *Messerschmitt eksplodował jak latająca bomba. W powietrzu latały niezliczone fragmenty konstrukcji, a pilot zawisł na spadochronie. Resztki maszyny płaską spiralą spadły w dół rozbijając się w płomieniach o ziemię.*[19]

Uffz. Delatowski miał sporo szczęścia, wyszedł z opresji z lekkimi ranami głowy oraz lewej ręki i wylądował bezpiecznie na spadochronie w pobliżu Deventer.

Dwa dni później, 15 października 1944 roku, I./KG 51 stracił kolejne dwa samoloty zestrzelone przez patrolujące w rejonie Rheine myśliwce amerykańskie należące do 78th Fighter Group. Jeden z pilotów niemieckich, Fhj.Fw. Edgar Junghans odniósł tak ciężkie rany, iż sześć dni później zmarł w szpitalu.

W tym czasie gotowość bojową uzyskał II./KG 51, który w sierpniu 1944 roku wycofany został z lotniska Gilze-Rijen w Holandii i przeniesiony do Schwäbisch Hall. Dywizjon posiadał w tym czasie samoloty Messerschmitt Me 410, a jego dowódcą był Maj.

[19] Tamże, str. 35.

with their undercarriage down, about to land. He identified the planes as a Me 262 and He 280. He immediately turned his P-47 downwards and managed to hit one of the jets, which crashed on the airfield's apron area. The wreck didn't catch fire, which was a confirmation of the fact that the German didn't have any fuel left. The Messerschmitt's pilot, Fw. Joachim Fingerloos of the I./KG 51 was badly wounded.

On October 13th, 1944 Pilot Officer Bob Cole of the 3rd Squadron, pilot of a RAF Tempest, won his first victory against a Me 262 of the I./KG 51. The Me 262's pilot Uffz. Edmund Delatowski noticed the Tempest approaching from behind and accelerated, at the same time going into a dive. The Englishman had to turn to get out of the stream of hot air coming out of both of the jet's engines. He didn't give up the chase however, changed course, went into full throttle and slightly diving, followed the Me 262. He managed to achieve 770 km/h but he still couldn't decrease the distance between him and the German plane. He continued the pursuit over Holland. The Englishman was beginning to lose hope when, after 65 kilometers, Delatowski made a mistake and slowed down, certain that he had gotten rid of his tail. This was what Cole was waiting for. He came within firing distance

(via Autor)
Messerschmitt Me 262A-2a należący do KG 51 na lotnisku polowym w zachodnich Niemczech, zima 1945 r.
Messerschmitt Me 262A-2a from KG 51 at an airstrip in western Germany. Winter, 1945.

Herbert Voß, który urodził się 15 maja 1911 roku w Hohensalza (obecnie Inowrocław), a 5 lutego 1944 roku udekorowany został Krzyżem Rycerskim.

Po przybyciu do Schwäbisch Hall piloci dywizjonu rozstali się zarówno ze swoimi samolotami, jak również ze strzelcami pokładowymi, którzy wchodzili w skład załogi Me 410. Większość strzelców pokładowych trafiła, jako piechurzy, do polowych dywizji Luftwaffe.

Tymczasem piloci już pod koniec sierpnia 1944 roku rozpoczęli szkolenie na samolotach odrzutowych. I tym razem nie obyło się bez ofiar, 11 września 1944 roku podczas lotu treningowego za sterami Me 262 zginął Fw. Ernst Mündlein z 4./KG 51. Natychmiast po zakończeniu podstawowego szkolenia jednostkę przeniesiono w dniu 20 września 1944 roku na lotniska Achmer i Hesepe. Przez kolejne dwa tygodnie piloci II./KG 51 odbywali tam loty treningowe, a z początkiem października 1944 roku rozpoczęli wykonywanie lotów operacyjnych nad terytorium Belgii i Holandii.

Dnia 2 listopada 1944 roku II./KG 51 poniósł pierwszą stratę bojową. Ciężko ranny został dowódca 5. Staffel, Hptm. Eberhard Winkel, zestrzelony przez aliancką artylerię przeciwlotniczą nad Grave. Alianci zaniepokojeni dużą aktywnością odrzutowych bombowców przeprowadzili w dniu 14 listopada 1944 roku nalot na lotnisko Rheine podczas, którego zginęło wielu członków personelu naziemnego oraz dwóch pilotów: Oblt. Merlau i Ofw. Hoffman. Trzeci pilot, Ofw. Köhler, został ranny.

and fired a few bursts from his guns: *The Messerschmitt exploded like a bomb with wings. Countless construction fragments were flying in the air and the pilot was hanging from his parachute. The wreckage of the plane dropped in a flat spiral and crashed to the ground in flames.*[19]

Uffz. Delatowski was very lucky, he survived the attack with only a slightly wounded head and left arm and landed safely near Deventer.

Two days later, on October 15th 1944, the I./KG 51 lost two more planes shot down by American fighters of the 78th Fighter Group patrolling the area of Rheine. One of the German pilots, Fhj.Fw. Edgar Junghans was wounded so badly that he died six days later in hospital.

At this time the II./KG 51 became ready for combat duty. It had been moved from the Gilze-Rijen airfield in Holland and moved to Schwäbisch Hall in August, 1944. The squadron was then using Messerschmitts Me 410; its commander was Maj. Herbert Voß, who was born on May 15th in 1911 in Hohensalza (currently Inowrocław) and on February 5th, 1944 was decorated with the Knights' Cross.

After arriving at Schwäbisch Hall the squadron pilots parted both with their planes and their gunners, who were part of the Me 410s' crews. Most of the gunners were transferred, as infantry, to Luftwaffe's field divisions.

---

[19] Ibidem, pg. 35.

(via Autor)

Me 262A-2a należący do I./KG 51, 9K+YH, biały nos maszyny oznaczał przynależność do 1. Staffel.
Me 262A-2a on strength with I./KG 51, 9K+YH. The white nose designates attachment to 1. Staffel.

Ten sam samolot na zbliżaniu, pod kadłubem wyrzutniki bombowe typu ETC 503.
A close-up of the same plane. ETC 503 pylons are mounted dorsally.

(via Autor)

Kolejną stratę 1./KG 51 poniosła rankiem 25 listopada 1944 roku, gdy aliancka artyleria przeciwlotnicza zestrzeliła Me 262 podczas ataku na cele naziemne w okolicy Helmond. Pilot Messerschmitta, Hptm. Rudolf Roesch, poniósł śmierć. Następnego dnia zginął Oblt. Heinz Lehmann z I./KG 51, pilotowany przez niego Messerschmitt rozbił się pod Kirchwistedt.

Na przełomie listopada i grudnia 1944 roku samoloty Me 262 należące do KG 51 wykonały około 300 lotów bojowych atakując zgrupowania wojsk alianckich na terytorium Belgii i Holandii oraz most na Renie w Nijmegen. Podczas jednej z takich akcji Tempesty z 80 dywizjonu RAF napotkały w powietrzu samotnego Messerschmitta Me 262 z I./KG 51, jak wspomina Flight Lieutnant J. W. Garland: *Mój numer 2 i ja zaatakowaliśmy w locie nurkowym i zniszczyliśmy na południowy wschód od Rheine lokomotywę. Kiedy wyprowadziłem samolot z nurkowania zauważyłem na naszej wysokości (około 200 stóp) pojedynczego Me 262 nadlatującego z prawej strony, kursem równoległym do linii kolejowej. Natychmiast na pełnym gazie skierowałem się w jego stronę. Wykonując zwrot szybko zbliżyłem się do niego, myślę, iż dzieliła nas początkowo odległość około czterech mil. Kiedy zamierzałem otworzyć ogień z odległości 300-400 jardów spostrzegłem,*

Meanwhile the pilots began training on jet planes already at the end of August, 1944. Once again, there were casualties – on September 11th, 1944 Fw. Ernst Mündlein of the 4./KG 51 died during a training flight in a Me 262. Immediately after the unit completed its basic training, on September 20th, 1944 it was moved to Achmer and Hesepe airfields. During the next two weeks pilots of the II./KG 51 carried out training flights and at the beginning of October, 1944 they were given regular missions over the territory of Belgium and Holland.

On November 2nd, 1944 the II./KG 51 suffered its first loss in combat. Commander of the 5. Staffel, Hptm. Eberhard Winkel was badly wounded after he was shot down by Allied AA artillery over Grave. On October 14th, 1944 the Allies, worried by the increased activity of jet bombers, carried out an air raid on Rheine airfield killing many members of ground personnel and two pilots: Oblt. Merlau and Ofw. Hoffman. A third pilot, Ofw. Köhler, was wounded.

The I./KG 51 suffered another loss on the morning of November 25th, 1944 when Allied AA artillery shot down a Me 262 during an attack on ground targets near Helmond. The Messerschmitt's pilot, Hptm. Rudolf Roesch, was killed. Oblt. Heinz

że przeciwnik odbija w prawo, a osłona jego kabiny oddziela się od płatowca. Naraz przerwał wykonywanie zwrotu i raptownie wbił się w ziemię. W tym momencie znajdowaliśmy się na wysokości mniej więcej 50-100 stóp nad ziemią. Nie jestem pewny, czy w ogóle zdążyłem otworzyć ogień z moich działek, w każdym bądź razie nie spostrzegłem żadnych trafień.[20]

Przeciwnikiem brytyjskiego pilota był Oblt. Joachim Valet, który poniósł śmierć we wraku swojej maszyny.

W dniu 9 grudnia 1944 roku amerykański myśliwiec, który pilotował Lt. Harry L. Edwards z 358th Fighter Group zestrzelił w rejonie Schwäbisch Hall Me 262 (9K+IM) z 4./KG 51. Pilot Messerschmitta Stfw. Hans Zander zginął. Następnego dnia I./KG 51 stracił dwóch kolejnych pilotów, Lt. Walter Roth, odniósł rany podczas przymusowego lądowania swoim Me 262 oznaczonym 9K+FL, który został uszkodzony przez Tempesty z 56 dywizjonu RAF, a Fw. Herbert Lemke (samolot 9K+WL) zginął zestrzelony przez artylerię przeciwlotniczą nad Aachen. Dwunastego grudnia 1944 roku nad Aachen zginął następny pilot pułku, Ofw. Hans Kohler.

Piloci KG 51 stanowili wsparcie dla rozpoczętej 16 grudnia 1944 roku ostatniej niemieckiej ofensywy na froncie zachodnim. Jednak przez pierwszych kilka dni niesprzyjające warunki atmosferyczne nad

[20] Foreman J. i Harvey S. E., op. cit. str. 104.

Lehmann from the I./KG 51 died on the following day, when his Messerschmitt crashed near Kirchwistedt.

Between November and December of 1944 KG 51's Me 262s carried out approximately 300 combat flights attacking groups of Allied troops on Belgian and Dutch territory and a bridge on the Rhine in Nijmegen. During one of these missions Tempests of the 80th Sqn RAF encountered a single Messerschmitt Me 262 of the I./KG 51, as Flight Lieutenant J. W. Garland recalls: *My number 2 and I attacked in a dive and destroyed a railway engine south-east of Rheine. When I pulled my plane out of the dive I sighted a single Me 262 coming from the right, flying parallel to the railway track at our altitude (approximately 200 feet). I immediately went into full throttle and turned in his direction. I approached him very quickly, I think at first the distance between us was around four miles. When I was about to open fire from a distance of 300-400 yards I saw the enemy turning right and his canopy being detached from the plane. Suddenly he ended the maneuver and crashed into the ground. At this point we were approximately 50-100 feet above the ground. I'm not sure if I even opened fire, anyway I didn't see any hits.*[20]

The British pilot's opponent was Oblt. Joachim Valet, who was killed in the wreckage of his plane.

[20] Foreman J. and Harvey S. E., op. cit. pg. 104.

(via Autor)

Messerschmitty Me 262 zaparkowane na poboczu autostrady Ulm–Augsburg–München w kwietniu 1945 r.
Messerschmitt Me 262s parked along the Ulm-Augsburg-Munich autobahn in April, 1945.

(via Autor)
**Messerschmitt Me 262A-1a/Jabo zdobyty przez Amerykanów. Samolot w naturalnej barwie materiału z widocznymi śladami szpachlówki w miejscach łączenia blach poszycia.
A Messerschmitt Me 262A-1a/Jabo captured by the Americans. The plane is unpainted with body fill visible between skin sections.**

Ardenami uziemiły lotnictwo obu stron konfliktu. Do pierwszej akcji Me 262 należących do KG 51 w tym rejonie doszło dopiero 22 grudnia 1944 roku. Ich ataki wzbudziły znaczne zaniepokojenie w dowództwie alianckim, które oddelegowało do ich przechwytywania najszybsze wówczas myśliwce brytyjskie typu Hawker Tempest należące do 122 skrzydła RAF. Dowódcą jednego z dywizjonów Tempestów był wówczas francuski as myśliwski Pierre Clostermann: *Załoga naziemnej stacji radarowej „Kenway" miała ogromne kłopoty ze zlokalizowaniem tych szaleńców, ponieważ antena radaru zbyt wolno wykonywała obrót o 360 stopni i nie była w stanie zlokalizować echa Me 262 pędzącego z prędkością 900 km/h na wysokości wierzchołków drzew. Z tego też powodu W/Cdr Lapsey wymyślił nową taktykę przechwytywania Me 262 przez Hawkery Tempesty nazwaną przez niego łowy na szczury, a przez pilotów łowy na bękarty.*

Dwie pary Tempestów utrzymywane były przez cały czas w podwyższonej gotowości bojowej. Piloci siedzieli w kabinach, silniki były rozgrzane, radiostacje włączone. Jak tylko jeden lub kilka Me 262 przeleciało przez Ren kierując się w stronę terytorium zajętego przez Aliantów, co można było stwierdzić za pomocą radaru, znajdujący się w pogotowiu rój otrzymywał rozkaz startu. Wszystkie pozostałe maszyny nie zaj-

On December 9th, 1944 an American fighter piloted by Lt. Harry L. Edwards from the 358th Fighter Group shot down a Me 262 (9K+IM) of the 4./KG 51 in the area of Schwäbisch Hall. The Messerschmitt's pilot Stfw. Hans Zander was killed. Next day the I./KG 51 lost two more pilots: Lt. Walter Roth, who was wounded after being forced to land his Me 262 designated 9K+FL which had been damaged by Tempests of the 56th Squadron RAF, and Fw. Herbert Lemke (in plane 9K+WL) was killed when his plane was shot down by AA artillery over Aachen. On December 12th, 1944 another of the group's pilots, Ofw. Hans Kohler, was killed over Aachen.

Pilots of KG 51 supported the last German offensive on the western front, initiated on December 16th, 1944. During the first few days difficult weather conditions over Ardennes grounded the Air Forces of both sides of the conflict however. The first mission of Me 262s of KG 51 was only carried out in this area on December 22nd, 1944. Their attacks alarmed the Allied command, which appointed the fastest British Hawker Tempest fighters of the 122nd RAF Wing to intercept them. The French fighter ace Pierre Clostermann was the commander of one of the Tempest squad-

mowały się ściganiem Me 262, ale niezwłocznie udawały się nad Rheine-Hopsten, gdzie znajdowała się baza Me 262. Już po ośmiu minutach od ogłoszenia alarmu Tempesty patrolowały na wysokości 3000 metrów okolice Rheine próbując zaskoczyć Me 262 powracające z akcji bojowej w chwili, gdy te zmniejszały prędkość podchodząc do lądowania z wysuniętymi klapami i goleniami podwozia. W ciągu tygodnia udało nam się w ten sposób zestrzelić osiem Me 262.

Niemcy jednak bardzo szybko opracowali środek zaradczy. Me 262 wracały do bazy lotem koszącym na pełnym gazie, a dzięki swojemu malowaniu maskującemu nie sposób było je zauważyć na tle ziemi. Zmniejszały prędkość dopiero wówczas, kiedy znalazły się już wewnątrz kręgu tworzonego przez działa przeciwlotnicze ustawione na obrzeżu lotniska. Zbliżenie się wówczas do nich na odległość skutecznego strzału było praktycznie niemożliwe. W ciągu tygodnia straciliśmy w ten sposób siedem Tempestów[21].

O godzinie 12.30 w dzień Bożego Narodzenia 25 grudnia 1944 roku F/Lt Jack Boyle z 411 dywizjonu RAF zestrzelił nad Erp samotnego Me 262, jego pilot Oblt. Hans-Georg Lamle z I./KG 51 poniósł śmierć. Było to pierwsze zestrzelenie niemieckiego

---

[21] Jurleit Manfred: Strahljäger Me 262 im Einsatz, Stuttgart 1995, str. 30.

rons: *The crew of the ground radar station "Kenway" had a difficult time trying to localize these madmen because the radar antenna made a 360 degree turn too slowly to localize the echo of a Me 262 flying at 900 km/h just over the treetops. So W/Cdr Lapsey invented a new strategy of intercepting Me 262s by Hawker Tempests which he called the rat hunt and the pilots called the bastard hunt.*

Two pairs of Tempests were constantly in combat readiness. The pilots were sitting in their cockpits, the engines were warm, the radio transmitters turned on. As soon as one or more Me 262s flew across the Rhine in the direction of Allied territory, which could be determined by radar, the vic currently on standby was given orders for take-off. The remaining planes didn't pursuit the Me 262s but immediately headed for Rheine-Hopsten, where the Me 262s were based. Already after 8 minutes since the alarm, the Tempests were patrolling the area around Rheine at an altitude of 3000 meters, hoping to surprise the Me 262s returning from their mission at the moment when they were slowing down and landing with their flaps up and their landing gear lowered. This way we managed to shoot down eight Me 262s within one week.

The Germans quickly worked out a counter-strategy however. The Me 262s returned to base in a sweep

(via Autor)

Messerschmitt Me 262A-1a/Jabo, WNr. 170 311, wyposażony w wyrzutniki bombowe na lotnisku Leipheim.
Messerschmitt Me 262A-1a/Jabo, WNr. 170 311 equipped with bomb racks at Leiheim airfield.

(via Autor)

Me 262A-1a/Jabo, WNr. 111 685, 9K+FH, należący do 1./KG 51.
Me 262A-1a/Jabo, WNr. 111685, 9K+FH from 1./KG 51.

myśliwca odrzutowego uzyskane przez pojedynczy samolot typu Supermarine Spitfire. Trzy godziny później Sqn/Ldr J.E. Collier z 403 kanadyjskiego dywizjonu myśliwskiego, również wyposażonego w myśliwce Spitfire, zestrzelił Me 262 (9K+MK) z I./KG 51. Pilotujący maszynę Fw. Hans Meyer zginął.

W dniu 27 grudnia 1944 roku Spitfire z 442 kanadyjskiego dywizjonu myśliwskiego, który pilotował Flying Officer M.A. Perkins zestrzelił Me 262 z II./KG 51. Pilot niemieckiej maszyny, Fw. Walter Wehking odniósł rany.

Messerschmitty Me 262 należące do I./KG 51 rankiem 1 stycznia 1945 roku wzięły udział w operacji Bodenplatte. Celem dwudziestu jeden samolotów stały się alianckie bazy lotnicze w Eindhoven i Hertogenbusch, gdzie udało im się zniszczyć na ziemi kilka maszyn. Straty własne wyniosły dwa samoloty, jeden z nich zestrzelony został przez niemiecką artylerię przeciwlotniczą.

Po południu 1 stycznia 1945 roku 2. i 3./KG 51 przebazowane zostały na lotnisko Giebelstadt pod miastem Würzburg. Ich zadaniem na kolejne kilkanaście dni było wsparcie niemieckiego kontrnatarcia w rejonie Strasburga. Trzeciego stycznia 1945 roku 2./KG 51 straciła tam jednego ze swoich pilotów. Z lotu operacyjnego nie wrócił do bazy Lt. Erich Kaiser. Kolejną stratę eskadra poniosła 13 stycznia 1945 roku, gdy krótko po starcie z lotniska Gibelstadt poniósł śmierć Uffz. Alfred Faber, zestrzelony przez amerykański myśli-

at full throttle and their camouflage colors made it impossible to distinguish them from the ground. They only slowed down when they were already inside the protective circle of AA guns located along the rim of the airfield. It was then practically impossible to get within firing distance of them. We lost seven Tempests this way within one week.[21]

At 12.30 on Christmas, December 25th 1944 F/Lt Jack Boyle of the 411th Sqn RAF shot down a single Me 262 over Erp. Its pilot, Oblt. Hans-Georg Lamle from the I./KG 51 was killed. This was the first victory of a single Supermarine Spitfire over a German jet fighter. Three hours later Sqn/Ldr J.E. Collier of the Canadian 403rd Fighter Squadron, also equipped with Spitfire fighters, shot down a Me 262 (9K+MK) of the I./KG 51. Its pilot, Fw. Hans Meyer, was killed.

On December 27th, 1944 a Spitfire of the Canadian 442nd Fighter Sqn piloted by Flying Officer M.A. Perkins shot down a Me 262 of the II./KG 51. The German pilot, Fw. Walter Wehking, was wounded.

On the morning of January 1st, 1945 Messerschmitts Me 262 of the I./KG 51 participated in operation Bodenplatte. Twenty one planes were sent over the Allies' airbases in Eindhoven and Hertogenbusch where they managed to destroy

---

[21] Jurleit Manfred: Strahljäger Me 262 im Einsatz, Stuttgart 1995, pg. 30.

wiec należący do 55th Fighter Group (pilot Lt. Walter J. Konantz). Następnego dnia od ognia artylerii przeciwlotniczej nad Detweiler zginął Lt. Oswald Ritter von Rittershain.

Tego samego dnia na północnym odcinku frontu zachodniego bardzo aktywnie działały Stab, I. i II./KG 51. Ich celem miało być zatrzymanie nacierających w rejonie Kleve oddziałów brytyjskich. Podczas podchodzenia do lądowania w Rheine zestrzelony został Me 262, który pilotował Uffz. Friedrich Christoph z II./KG 51. Niemiecki pilot poniósł śmierć. Jego pogromcą był, pilotujący Spitfire, Captain Bolsted z 332 norweskiego dywizjonu myśliwskiego. Kolejną stratę I./KG 51 poniósł 23 stycznia 1945 roku, kiedy Tempesty z 56 dywizjonu zestrzeliły samolot, który pilotował Hptm Hans Holzwarth (zginął).

Dnia 14 lutego 1945 roku oddziały brytyjskie ponownie podjęły próbę rozerwania frontu w rejonie Kleve. I tym razem spotkały się z kontrakcją przeprowadzoną przez odrzutowe Me 262 należące do KG 51, które wykonały 55 lotów bojowych. Co najmniej cztery samoloty niemieckie zostały stracone. Lt. Hans-Georg Richter i Fw. Werner Witzmann z 5. Staffel ponieśli śmierć zaatakowani krótko po starcie nad Osterwiek. Walkę tę wspomina pilot Typho-

a few planes on the ground. Their own losses included two planes, one of which was shot down by German AA artillery.

On the afternoon of January 1st, 1945 the 2. and 3./KG 51 were moved to Giebelstadt airfield near Würzburg. Their objective for the next two weeks would be to support the German counter-attack near Strasbourg. On January 3rd, 1945 the 2./KG 51 lost one of its pilots there. Lt. Erich Kaiser didn't return to base after his operational flight. The flight suffered another loss on January 13th, 1945 when Uffz. Alfred Faber was killed shortly after taking off from Gibelstadt airfield, shot down by an American fighter of the 55th Fighter Group (pilot Lt. Walter J. Konantz). On the next day Lt. Oswald Ritter von Rittershain was killed by AA fire over Detweiler.

That day Stab, I. and II./KG 51 were very active on the northern part of the western front. Their objective was to stop British troops attacking near Kleve. A Me 262 piloted by Uffz. Friedrich Christoph from the II./KG 51 was shot down while attempting to land in Rheine. The German pilot was killed. The pilot responsible for his death was Captain Bolsted from the Norwegian 332nd Fighter Squadron, flying a Spitfire. The I./KG 51 suf-

(via Autor)

Messerschmitt Me 262A-1a/Jabo, WNr. 500 200, 9K+XK, należący do 2./KG 51 przygotowany do lotu do Anglii na lotnisku Brussels-Melsbroek, lato 1945 roku. Na tej maszynie 8 maja 1945 roku Ofhr. Hans Fröhlich wystartował z Saatz i wylądował na zajętym przez Brytyjczyków lotnisku Faßberg.

Messerschmitt Me 262A-1a/Jabo, WNr. 500 200, 9K+XK on strength with 2./KG 51 at Brussels-Melsbroek airport prepared for a flight to England, Summer, 1945. On May 8, 1945 Ofhr. Hans Fröhlich took off from Saatz and landed at the British occupied airfield at Fassberg.

(via Autor)
Messerschmitt Me 262A-1a, WNr. 170 095, KD+EA, który służył do prób jako nocny myśliwiec w ośrodku doświadczalnym w Rechlinie.
Messerschmitt Me 262A-1a, WNr. 170 095, KD+EA, which was used for tests as a night night fighter at Rechlin test center.

ona, Flying Officer L.C. Shaver z 439 dywizjonu kanadyjskiego: *Dowodziłem sekcją czterech samolotów z 439 dywizjonu podczas rozpoznania walką w rejonie Coesfeld-Enschede. Kiedy lecieliśmy na zachód na wysokości 7000 stóp i znajdowaliśmy się w odległości około 20 mil od Coesfeld zauważyłem dwa Me 262 lecące obok siebie na wysokości 3000 stóp. Poinformowałem o tym pozostałych pilotów i zanurkowałem do ataku. Udało mi się usadowić za nieprzyjacielskimi maszynami nieco poniżej i wystrzelić dwie krótkie serie z odległości 100 jardów. Nie dostrzegłem trafień. Zmieniłem nieco ustawienie mojego celownika, zbliżyłem się na odległość 50 jardów i ponownie otworzyłem ogień wystrzeliwując dwusekundową serię. Nieprzyjacielski samolot eksplodował. Przelatując poprzez chmurę pozostałą po wybuchu zobaczyłem jak drugi Me 262 odbija w lewo. Otworzyłem do niego ogień wystrzeliwując z ukosa dwie dwusekundowe serie, nie dostrzegłem jednak trafień. Potem zobaczyłem „czerwoną 3" (F/O Fraser) atakującą nieprzyjacielski samolot od tyłu z przewagą wysokości. Obie maszyny, nieprzyjacielska i „czerwona 3" zniknęły mi z oczu chowając się pod chmurami. Wkrótce spostrzegłem przebijający się przez chmury słup czarnego dymu.*[22]

[22] Foreman J. i Harvey S. E., op. cit. str. 145.

fered its next loss on January 23rd, 1945 when Tempests of the 56th Sqn shot down a plane piloted by Hptm Hans Holzwarth (killed).

On February 14th, 1945 British troops once again attempted to cut through the front line in the area of Kleve. Once again, they had to confront the counterattack of jet Me 262s of KG 51, which carried out 55 combat flights. At least four German planes were lost. Lt. Hans-Georg Richter and Fw. Werner Witzmann from the 5. Staffel were killed shortly after take-off over Osterwiek. This fight is recalled by a Typhoon pilot, Flying Officer L.C. Shaver from the Canadian 439th Sqn: *I was in command of a section of four planes of the 439th Sqn during a reconnaissance between Coesfeld and Enschede. When we were flying west at an altitude of 7000 feet and were approximately 20 miles away from Coesfeld I sighted two Me 262s flying next to each other at an altitude of 3000 feet. I informed the other pilots and dived to attack. I managed to position myself behind the enemy planes and fire two short salvos from 100 yards. I didn't see any hits. I slightly adjusted my telescope, approached within 50 yards and opened fire again, firing a two-second volley. The enemy plane explod-*

W tym samym czasie Australijczycy z 41 dywizjonu zestrzelili nad Emmerich Me 262 oznaczonego kodem kadłubowym 9K+NL. Jego pilot Fw. Richard Hoffmann z I./KG 51 poniósł śmierć.

Następną stratę II./KG 51 odnotował 21 lutego 1945 roku, kiedy to w rejonie Stettin (Szczecin) zginął Ofhr. Gerhard Rohde zestrzelony przez amerykańskie myśliwce z 356th Fighter Group. Dzień później nad Düren dwa Messerschmitty Me 262 z 2./KG 51 przechwycone zostały przez Thunderbolty z 356th Fighter Group. Amerykanie zestrzelili jeden samolot niemiecki, jego pilot Lt. Kurt Piehl poniósł śmierć.

Dnia 24 lutego 1945 roku w wypadku śmierć poniósł Fw. Horst Schüle, nie był to zresztą odosobniony przypadek. W lutym 1945 roku wskutek wypadków lotniczych KG 51 stracił jeszcze dwóch pilotów. Byli to Uffz. Helmut Seidel oraz Ogefr. Gerhard Gatys. Głównym powodem wypadków były usterki techniczne silników i bardzo powierzchowne wyszkolenie pilotów. Żywotność silników wynosząca około 40 godzin w praktyce była znacznie mniejsza. Pęknięcia łopatek turbiny i pożary jednostek napędowych były chlebem powszednim. Niedostateczne wyszkolenie pilotów i personelu naziemnego pogłębiało jeszcze występujące trudności. Dodatkowe problemy stwarzały nieprzerwane, trwające w dzień i w nocy, naloty lotnictwa alianckiego na bazy, z których operowały samoloty odrzutowe Luftwaffe.

W dniu 2 marca 1945 roku nad Nijmegen zginął, zestrzelony przez Mustanga, dowódca 5./KG 51 Hptm. Fritz Abel. Siódmego marca 1945

ed. Flying through the cloud it created, I saw the other Me 262 turn left. I opened fire shooting two two-second bursts to the side but didn't notice any hits. Then I saw "red 3" (F/O Fraser) attacking the enemy plane from behind with an advantage of altitude. Both planes, the enemy and "red 3" disappeared under the clouds. I soon saw a column of black smoke coming through the clouds.[22]

At this time Australians from the 41st Sqn shot down a Me 262 designated with the fuselage code 9K+NL over Emmerich. Its pilot Fw. Richard Hoffmann from the I./KG 51 was killed.

The II./KG 51 suffered its next loss on February 21st, 1945 when Ofhr. Gerhard Rohde was killed near Stettin (Szczecin) when his plane was shot down by American fighters of the 356th Fighter Group. A day later two Messerschmitts Me 262 of the 2./KG 51 were intercepted over Düren by Thunderbolts of the 356th Fighter Group. The Americans shot down one German plane, its pilot Lt. Kurt Piehl was killed.

On February 24th, 1945 Fw. Horst Schüle died in an accident; this wasn't the only such case. In February of 1945 KG 51 lost two more pilots in air accidents. They were Uffz. Helmut Seidel and Ogefr. Gerhard Gatys. The main reason behind the accidents were technical defects of the engines and very superficial training of the pilots. The engines' life of 40 hours was in practice much shorter. Cracking propeller blades and burning power plants were the pilots' daily bread. Insuffi-

---

[22] F J. And Harvey S. E., op. cit. pg. 145.

(via Autor)

Widok wnętrza kabiny dwumiejscowego samolotu Messerschmitt Me 262B-1a.

The two-seat cockpit of the Messerschmitt Me 262B-1a.

roku Amerykanie zdobyli lekko uszkodzony most na Renie w Remagen i utworzyli przyczółek na wschodnim brzegu rzeki. O godzinie drugiej w nocy oficer I./KG 51 pełniący dyżur na lotnisku Hopsten odebrał telefon z kwatery głównej. Głównodowodzący Luftwaffe, marszałek Rzeszy Hermann Göring, osobiście wydał mu rozkaz zebrania ochotników, którzy zniszczyliby silnie bronionny most rozbijając się o niego w stylu japońskich kamikaze! Do wykonania tego zadania zgłosiło się tylko dwóch szaleńców. Na szczęście dla nich planowaną, samobójczą operację odwołano.[23]

Dnia 13 marca 1945 roku z uwagi na zagrożenie przez szybko posuwające się do przodu czołgi amerykańskie I./KG 51 przebazowany został z Hopsten do Gibelstadt. Podczas przelotu na nowe lotnisko Messerschmitty przechwycone zostały przez myśliwce USAAF, które zestrzeliły dwie maszyny. Jeden z pilotów Ofhr. Jürgen Höhne poniósł śmierć, natomiast drugi Oblt. Harald Hovestadt odniósł ciężkie rany podczas przymusowego lądowania. Tego samego dnia III./KG 51 stracił jeden samolot Me 262, który pilotował Ofw. Georg Schabinski. Pilot niemiecki został ranny.

Trzy dni później, 20 marca 1945 roku, Lt. Wilhelm Batel z I./KG 51 zestrzelił podczas jednego z lotów bojowych amerykański myśliwiec typu P-47.

W dniu 20 marca 1945 roku II./KG 51 przebazowany został do Schwäbisch Hall, gdzie dowództwo dywizjonu objął Hptm. Hans-Joachim Grundmann. W tym samym czasie samoloty I./KG 51 operowały nie tylko z lotniska Giebelstadt ale również z autostrady w pobliżu Leipheim, gdzie 21 marca 1945 roku miało miejsce tragiczne zdarzenie. Samochód sztabowy wiozący dowódcę pułku, którym był Obstlt. Rudolf Hallensleben podczas przejazdu przez wiadukt nad autostradą został celnie ostrzelany przez Thunderbolty. Hallensleben oraz trzech towarzyszących mu żołnierzy poniosło śmierć. Tego samego dnia amerykańskie myśliwce dopadły nad lotniskiem Giebelstadt klucz lądujących Me 262 z I./KG 51 i zestrzeliły wszystkie trzy maszyny. Zginęli Hptm. Eberhard Winkler, Lt. Erwin Diekmann oraz Uffz. Heinz Erben. Szczególnie bolesna była strata Hptm. Winklera, dowódcy 3. Staffel, który wracał właśnie do bazy po odbyciu 300 lotu bojo-

(via Autor)

Messerschmitt Me 262A-1a, WNr. 170 056 wyposażony w anteny radaru FuG 218.

Messerschmitt Me 262A-1a WNr. 170 056 with a FuG 218 radar array.

cient training of both pilots and ground personnel only increased the difficulties. Additional problems were caused by continuous, day and night air raids of the Allied Air Force on those airbases from which the Luftwaffe jets operated.

On March 2nd, 1945 Hptm. Fritz Abel, commander of the 5./KG 51, was killed over Nijmegen when his plane was shot down by a Mustang. On March 7th, 1945 the Americans captured a slightly damaged bridge on the Rhine in Remagen and created a bridgehead on the eastern river bank. At 2:00 am an officer of the I./KG 51 on duty at Hopsten airfield received a telephone call from headquarters. The commander-in-chief of the Luftwaffe, Reich Marshall Hermann Göring personally gave orders to gather volunteers who would destroy the heavily guarded bridge by crashing into it in Japanese kamikaze style! Only two madmen volunteered for this mission. Luckily for them, the suicidal operation was called off.[23]

On March 13th, 1945 the I./KG 51 was moved from Hopsten to Gibelstadt in view of the threat of quickly advancing American tanks. During their flight to the new airfield the Messerschmitts were intercepted by USAAF fighters, which shot down

---

[23] Dierich Wolfgang: Kampfgeschwader 51 „Edelweiß", Stuttgart 1991, str. 238-239.

[23] Dierich Wolfgang: Kampfgeschwader 51 "Edelweiß", Stuttgart 1991, pp. 238-239.

wego. W godzinach wieczornych wobec zbliżających się czołówek amerykańskich I./KG 51 przebazowany został do Memmingen.

Do końca marca 1945 roku wszystkie trzy dywizjony wchodzące w skład KG 51 znalazły się na terenie Bawarii i zachodniej Austrii. W dniu 31 marca pułk posiadał na stanie zaskakująco dużą ilość samolotów, aż 79 Me 262A. Spowodowane to było bliskością montowni zakładów Messerschmitt Kuno I (zakłady ulokowane w lesie pod Burgau) i Kuno II (zakłady w lesie w pobliżu lotniska Leipheim). W ciągu pierwszych dni kwietnia 1945 roku liczba samolotów znajdujących się na stanie jednostki gwałtownie spadła. Spowodowane było to z jednej strony wysokimi stratami wynikającymi z dużej ilości wypadków podczas startu i lądowania z autostrad, z drugiej zaś strony urwały się dostawy nowych samolotów. W ich montowniach skończyły się zapasy podzespołów, które produkowane były w fabrykach opanowanych już przez wojska alianckie. Wedle raportu z 10 kwietnia 1945 roku na stanie KG 51 znajdowało się tylko 20 Messerschmittów Me 262, w tym 15 w I. Gruppe, a 5 w II. Gruppe. Tylko 8 z nich było gotowych do działań. W związku z powyższym loty bojowe ograniczone zostały do minimum. W dniu 14 kwietnia 6 Me 262 zaatakowało bombami i ostrzelało z broni maszynowej kolumnę ciężarówek w rejonie Rastatt, a cztery dni później 7 maszyn zbombardowało most na Dunaju w Dillinden, położonym na północny zachód od Augsburga. Podczas powrotu do bazy Niemcy zaatakowani zostali przez eskadrę Mustangów, Messerschmitty zdołały jednak uniknąć ataku, a co więcej udało im się zestrzelić jeden z myśliwców USAAF. Operacja przeciwko przyczółkowi w Dillingen powtórzona została przez pilotów I./KG 51 22 kwietnia 1945 roku, była to ostatnia akcja przeprowadzona przez tę jednostkę przeciwko zachodnim Aliantom.

W tym czasie II./KG 51 istniał już tylko na papierze, wprawdzie stan osobowy dywizjonu liczył 34 pilotów, ale posiadali oni do swojej dyspozycji zaledwie dwa samoloty Me 262. W tej sytuacji, w dniu 23 kwietnia 1945 roku na lotnisku Landau/Isar jednostka została rozwiązana. Obydwa sprawne samoloty należące do 6. Staffel dołączyły do I./KG 51 i wraz z nim znalazły się na lotnisku München-Riem. Personel II./KG 51 wraz z dowódcą, którym był Maj. Grundmann, dostał się 29 kwietnia 1945 roku pod Straßkirchen do niewoli amerykańskiej.

two planes. One of the pilots, Ofhr. Jürgen Höhne was killed and the other, Oblt. Harald Hovestadt was badly wounded in a forced landing. On the same day the III./KG 51 lost one Me 262 piloted by Ofw. Georg Schabinski. The German pilot was wounded.

Three days later, on March 20th 1945 Lt. Wilhelm Batel from the I./KG 51 shot down an American P-47 fighter during one of his combat flights.

On March 20th, 1945 the II./KG 51 was transferred to Schwäbisch Hall, where command over the squadron was taken by Hptm. Hans-Joachim Grundmann. At the same time planes of the I./KG 51 operated not only from Giebelstadt airfield but also from a highway near Leipheim, where a tragic event took place on March 21st, 1945. A staff car transporting the group's commander, Obstlt. Rudolf Hallensleben was strafed by Thunderbolts while passing a viaduct over the highway. Hallensleben and three accompanying soldiers were killed. On the same day American fighters attacked a formation of landing Me 262s of the I./KG 51 over Giebelstadt airfield and shot down all three planes. Hptm. Eberhard Winkler, Lt. Erwin Diekmann and Uffz. Heinz Erben were killed. The loss of Hptm. Winkler, commander of the 3. Staffel, who was just returning to base after having flown his 300th combat flight, was especially painful. In the evening the I./KG 51 was moved to Memmingen to avoid the approaching American front.

By the end of March, 1945 all three squadrons forming KG 51 were located in Bavaria and western Austria. On March 31st the group had surprisingly many planes at its disposal, a total of 79 Me 262 A fighters. This was caused by the proximity of the Messerschmitt assembly plants Kuno I (located in the forest near Burgau) and Kuno II (in the forest near Leipheim airfield). During the first few days of April, 1945 the number of available planes suddenly decreased, which was caused first of all by high losses caused mostly by accidents during take offs and landings on highways, and second of all by the fact that new planes weren't supplied any more. The assembly plants ran out of sub-assembly elements which were produced in factories already controlled by the Allies. According to a report

W dniu 26 kwietnia 1945 roku samoloty należące do I./KG 51 stacjonujące na lotnisku München-Riem miały zostać przekazane do JV 44. Jednak o godzinie 00.50 na lotnisko dotarła depesza z dowództwa 6 Floty Powietrznej skierowana pierwotnie do IX. Korpusu Lotniczego (myśliwskiego) stacjonującego w Pradze o następującej treści:

1. Dywizja lotnicza przesunie czasowo personel latający I./KG 51 (docelowo 12 Me 262) do użycia bojowego z lotniska Praga-Rużyny.

2. Po dotarciu na lotnisko Praga-Rużyny I./KG 51 podporządkowany zostanie operacyjnie IX. Korpusowi Lotniczemu (myśliwskiemu).

3. Zaplecze techniczne zapewni IX. Korpus Lotniczy (myśliwski) w oparciu o podległą mu jednostkę wyposażoną w Me 262.

4. Użycie operacyjne I./KG 51 podejmowane przez IX. Korpus Lotniczy (myśliwski) w celu wsparcia walk obronnych w Berlinie skierowane będzie w pierwszym rzędzie przeciwko tyłowym połączeniom 3 i 4 Armii Pancernej Gwardii.[24]

---

[24] Bundesarchiv Potsdam, Film WF-02/6879, Bild 948.

from April 10th, 1945 KG 51 only had 20 Messerschmitts Me 262 including 15 in the I. Gruppe and 5 in the II. Gruppe. Only 8 of them were operational. For this reason combat flights were brought down to a minimum. On April 14th 6 Me 262s bombed and strafed a column of trucks in the area of Rastatt and four days later 7 planes bombed a bridge across the Danube in Dillingen, which is located north-west of Augsburg. During their return flight the Germans were attacked by a flight of Mustangs but the Messerschmitts avoided the attack and what's more managed to shoot down one of the USAAF fighters. The operation against Dillingen was repeated by pilots of the I./KG 51 on April 22nd, 1945. This was the last operation carried out by this unit against the western Allies.

By this time the II./KG 51 only existed on paper – although the squadron's personnel counted 34 pilots but they only had two Me 262s at their disposal. In this situation the unit was disbanded on April 23rd, 1945 on Landau/Isar airfield. Both operational planes of the 6. Staffel joined

(via Autor)
Dwumiejscowy nocny myśliwiec Me 262B-1a/U1, WNr. 110 306, „czerwona 6" z 10./NJG 11. Na pierwszym planie oficer techniczny jednostki Lt. Ruff.
Me 262B-1a/U1 two-seat night fighter WNr. 110306, "red 6" from 10./NJG 11. Foreground: The unit's technical officer, Lt. Ruff.

Widok na wnętrze kabiny pilota samolotu Me 262B-1a/U1.
The pilot's seat in the Me 262B-1a/U1.

(via Autor)

Bałagan panujący w dowództwie bazy München-Riem oraz trwające niemal nieprzerwanie naloty amerykańskiego lotnictwa spowodowały znaczne opóźnienie w wykonaniu powyższego rozkazu. Dopiero 30 kwietnia 1945 roku do Pragi, z międzylądowaniem w bazie Linz-Hörching, przebazowana została 2./KG 51, która dysponowała ośmioma własnymi samolotami oraz pięcioma przejętymi z rozwiązanego wcześniej II./KG 51. Jednostką dowodził Hptm. Rudolf Abrahamczik. Po dotarciu do Pragi eskadra podporządkowana została Gefechtsverband Hogeback. Zgrupowanie to składało się pierwotnie z resztek KG(J) 6, KG(J) 54 oraz I./(Erg.)KG 1. Samoloty 2./KG 51, 1 i 2 maja 1945 roku, aktywnie uczestniczyły w nalotach na oddziały radzieckie w rejonie Berlina. Następnie przeniosły rejon swoich operacji w okolice Bautzen, Hoyerswerda i Kamenz, gdzie bombardowały m.in. kolumny zaopatrzeniowe 2 Armii Ludowego Wojska Polskiego.

W dniu 5 maja 1945 roku w Pradze wybuchło powstanie. W tym czasie na lotniskach Praga-Rużyny, Praga-Kbely, Pisek i Saatz położonych wokół stolicy Czech znajdowała się jeszcze znaczna ilość

the I./KG 51 and were moved to München Riem airfield where this unit was located. The personnel of the II./KG 51 with its commander Maj. Grundmann was taken into captivity by the Americans on April 29th, 1945 near Straßkirchen.

On April 26th, 1945 planes of the I./KG 51 stationed at München-Riem airfield were to be handed over to JV 44. At 00.50 however, the airfield received a telegram from the 6th Air Fleet command originally addressed to the IX. Air (fighter) Corps stationed in Prague which read as follows:

1. The Air Division will temporarily move the air personnel of the I./KG 51 (planned 12 Me 262s) to combat use from Prague-Ruzyne airfield.

2. After reaching Prague-Ruzyne airfield the I./KG 51 will be operationally subordinate to the IX. Air (fighter) Corps.

3. The technical support will be supplied by the IX. Air (fighter) Corps, based on its sub-unit equipped with Me 262s.

4. Operational use of the I./KG 51 by the IX. Air (fighter) Corps to support defensive operations in Ber-

samolotów Me 262 należących do Gefechtsverband Hogeback. Wszystkie maszyny stacjonujące w najbardziej zagrożonej przez powstańców bazie Praga-Rużyny natychmiast przygotowano do akcji. Po zatankowaniu i uzupełnieniu amunicji w godzinach popołudniowych samoloty wzbiły się w powietrze, aby zaatakować pozycje powstańców. Niektóre maszyny wykonały tego dnia po kilka lotów bojowych. W akcji wzięli też udział piloci 2./KG 51, którzy skoncentrowali się na bombardowaniu pozycji wroga w dzielnicy Jeneč.

Noc z 5 na 6 maja 1945 roku minęła nad wyraz spokojnie, rankiem okazało się jednak, iż był to spokój pozorny. Pod osłoną ciemności powstańcy wznieśli przeszło 1600 barykad. Od samego rana do akcji ruszyli piloci 2./KG 51. Obładowane 250 kg bombami Messerschmitty z powodzeniem zaatakowały zbliżające się do Pragi kolumny Rosyjskiej Armii Wyzwoleńczej dowodzonej przez generała Własowa. W czasie jednego z nalotów zniszczone zostały duże składy paliwa i amunicji w Libeznicach, które wcześniej dostały się w ręce powstańców. Podczas tej akcji, przez obronę prze-

lin will be aimed primarily at the rear communication of the 3rd and 4th Army Panzer Guard.[24]

The organizational mess in the München-Riem airbase command and the almost constant raids of the American Air Force significantly delayed the carrying out of this order. The 2./KG 51, which had eight of its own planes and five inherited from the disbanded II./KG 51, was moved to Prague, with a mid-landing in the Linz-Hörching airbase, only on April 30th, 1945. The unit was commanded by Hptm. Rudolf Abrahamczik. After reaching Prague the flight became part of the Gefechtsverband Hogeback. This group initially consisted of the remnants of KG(J) 6, KG(J) 54 and the I./(Erg.)KG 1. On May 1st and 2nd, 1945 planes of the 2./KG 51 actively participated in attacks on Soviet troops near Berlin. They then moved their area of operations near Bautzen, Hoyerswerd and Kamenz where they bombed, among other targets, supply columns of the 2 Army of the People's Army of Poland.

[24] Bundesarchiv Potsdam, Film WF-02/6879, Bild 948.

Kabina operatora radaru w samolocie Me 262B-1a/U1.
The radio operator's seat in the Me 262B-1a/U1.

ciwlotniczą, zestrzelony został jeden z Me 262, jego pilot Lt. Schimmel poniósł śmierć.

Około godziny 17.00 z otoczonego przez oddziały własowców lotniska Praga-Rużyny wystartowały Me 262 należące do 2./KG 51 kierując się na lotnisko Saatz, gdzie znajdowały się jeszcze duże zapasy paliwa J-2 przeznaczonego do silników odrzutowych. Po drodze niemieckie samoloty kolejny raz skutecznie zbombardowały oddziały ROA atakujące lotnisko.

Od rana 7 maja 1945 roku oddziały Wehrmachtu z trzech stron zaatakowały pozycje powstańców w Pradze. Ich działania wspierały z powietrza samoloty Luftwaffe, w tym sześć ostatnich sprawnych Me 262 z 2./KG 51, która stacjonowała teraz w Saatz. Ostatnia operacja bojowa KG 51 przyniosła jednostce ciężkie straty. Dwa Messerschmitty zostały zestrzelone ogniem z ziemi, obaj piloci zginęli. Najpierw nad dzielnicą Kosir trafiony został samolot, który pilotował Fw. Poling, a następnie działka przeciwlotnicze obsługiwane przez żołnierzy ROA zestrzeliły maszynę, za sterem której siedział Lt. Heinz Strothmann.

W dniu kapitulacji Wehrmachtu, 8 maja 1945 roku, piloci KG 51 zaczęli myśleć już tylko o własnym losie. Lt. Wilhelm Batel postanowił wrócić do domu swoim samolotem. O godzinie 14.30 wystartował z lotniska Saatz na pokładzie Me 262 o kodzie kadłu-

On May 5th, 1945 an uprising broke out in Prague. At this time there were still many Me 262s of Gefechtsverband Hogeback stationed at the airfields Prague-Ruzyne, Prague-Kbely, Pisek and Saatz located around the Czech capital. All of the planes stationed in the Prague-Ruzyne airbase, which was threatened the most, were immediately prepared for action. In the afternoon, after refueling and replenishing their ammunition, the planes took off to attack the insurrectionists positions. Some planes carried out a few combat flights that day. Pilots of the 2./KG 51 also participated in this operation and concentrated mostly on bombing enemy positions in the Jeneč district.

The night between May 5th and 6th of 1945 passed very quietly but morning showed that this was only an apparent calm. In the cover of night the insurrectionists raised over 1600 barricades. Pilots of the 2./KG 51 began duty early in the morning. Messerschmitts loaded with 250 kg bombs successfully attacked columns of the Russian Liberation Army (commanded by General Vlasov) which were approaching Prague. One of the raids destroyed large supplies of fuel and ammunition in Libeznice which had earlier fallen into insurrectionist hands. One Me 262 was shot down during this mission by AA defense, its pilot Lt. Schimmel was killed.

(via Autor)

Myśliwiec nocny Messerschmitt Me 262B-1a/U1 z 10./NJG 11 zdobyty po wojnie przez Brytyjczyków.
A Messerschmitt Me 262B-1a/U1 night fighter captured by the British after the war.

(via Autor)
Uszkodzony Me 262A-1a przewożony w częściach na wózku transportowym. Uwagę zwraca interesujący kamuflaż sugerujący przynależność maszyny do 10./NJG 11.
A damaged Me 262A-1a during transport. The camouflage would suggest that the plane served with 10./NJG 11.

bowym 9K+FB obierając kurs na Lüneburg w północnych Niemczech. Warunki atmosferyczne były doskonałe. Lot odbywał się na pułapie 3000 metrów. Jego przebieg utkwił mu w pamięci w szczególny sposób. Po raz pierwszy nie czekały go żadne zagrożenia związane z trwającą wojną, jego samolot wyposażony był w pełny zapas amunicji, która nie była mu już jednak potrzebna. Pod nim przewijał się nietypowy krajobraz, żadnego ognia artylerii przeciwlotniczej, żadnych pożarów wywołanych nalotami, ani jednej pędzącej pełną parą lokomotywy. Na lotniskach Drezden, Leipzig i Magdeburg stały w równych rzędach, jak przygotowane do defilady, samoloty alianckie. Tuż po godzinie 15.00 dotarł nad, zajęte przez Anglików, lotnisko Lüneburg. W odległości około 30 km od lotniska znajdowało się gospodarstwo jego rodziców. Pierwotnie miał zamiar dać im znak, że żyje przelatując lotem koszącym nad dachem domu. Odnalezienie rodzinnego gospodarstwa z powietrza okazało się jednak trudniejsze niż przypuszczał. Dopiero po kilkunastu minutach krążenia zlokalizował dom rodzinny. Okazało się, iż we wsi oraz na przecinającej ją drodze widać było liczne przejeżdżające ciężarówki i jeepy. Próba lądowania w ich pobliżu nie miałaby

At approximately 17.00 Me 262s of the 2./KG 51 took off from Prague-Ruzyne airfield which was surrounded by Gen. Vlasov's troops and headed for Saatz airfield where there were still large supplies of J-2 fuel for jet engines. Along the way the German planes once again successfully bombed ROA troops attacking the airfield.

On the morning of May 7th, 1945 Wehrmacht troops attacked insurrectionist positions in Prague from three sides. The operation was supported from the air by the Luftwaffe – including the last six operational Me 262s of the 2./KG 51, which was now stationed in Saatz. KG 51 suffered large losses in its last combat operation. Two Messerschmitts were shot down from the ground, both pilots were killed. First a plane piloted by Fw. Poling was hit over Kosir district and then AA guns operated by ROA soldiers shot down a plane piloted by Lt. Heinz Strothmann.

On Wehrmacht's capitulation day, May 8th, 1945, pilots from KG 51 began to think only about their own fate. Lt. Wilhelm Batel decided to return home in his plane. At 14.30 he took off from Saatz airfield in a Me 262 designated with the fuselage

sensu. Po chwili na miejsce lądowania wybrał niewielkie pole przylegające do lasu, które znajdowało się w odległości około 3 km od wsi. W tej okolicy nie widać było żadnych pojazdów, ani grup ludzi. O godzinie 15.28 gładko wylądował na polu, maszyna zatrzymała się w odległości około 8 metrów od ściany lasu. Z teczką pod pachą i spadochronem na plecach natychmiast wyskoczył z kabiny. Zanim odbiegł do lasu spróbował jeszcze podpalić samolot. Wyciekające z silników paliwo nie chciało się jednak zapalić. Zrezygnował, więc z zamiaru zniszczenia maszyny i skierował się przez las w stronę rodzinnego domu. Po chwili, przekraczając jedną z przecinek, spotkał miejscowego chłopa, który go jednak nie rozpoznał. Zapytał go o drogę do miejscowości leżącej dokładnie po przeciwnej stronie od miejsca, w które się udawał. Okazało się to zbawienne w skutkach, ponieważ Anglicy, jeszcze tego samego popołudnia podjęli szeroko zakrojoną akcję poszukiwania pilota tajemniczego samolotu, który wylądował pod lasem. Przesłuchany przez nich rolnik skierował ich na fałszywy trop.

Około godziny 16.30 Batel dotarł na szczyt „Białej Góry", sporego wzniesienia, z którego miał doskonały widok na rodzinną wieś. Poczekał tam do zmroku opalając się w promieniach wiosennego słońca i obserwując ruch pojazdów i żołnierzy. Następnie, pod osłoną zmroku, dotarł bez-

code 9K+FB and flew in the direction of Lüneburg in north Germany. The weather conditions were perfect. He flew at an altitude of 3000 meters. He remembered the flight in a special way. For the first time he wouldn't face any threats caused by the raging war, his plane had a complete supply of ammunition which he wouldn't need. The view below was unusual, no AA artillery fire, no fires caused by bomb attacks, no rushing railway engine. Allied planes were standing in Dresden, Leipzig and Magdeburg airfields in even rows, as if prepared for a parade. Shortly after 15.00 he reached Lüneburg airfield, controlled by the Allies. His parents' farm stood some 30 km away from the airfield. At first he wanted to give them a sign that he's alive by sweeping over their roof but finding his home from the air proved more difficult than he had expected. It took him more than ten minutes of circling around the area. It turned out that there were many trucks and jeeps passing through the village and along the road which crossed it. There wasn't much sense in trying to land nearby. He soon picked a small field adjacent to the forest, some 3 km away from the village, for his landing spot. There weren't any vehicles or groups of people visible nearby. At 15.28 he smoothly landed on the field, the plane stopped 8 meters away from the

(via Autor)

Messerschmitt Me 262A-1a, WNr. 501 232, żółta 5 należący do ISS 1. Samolot ten służył następnie w składzie JV 44. Pas na kadłubie złożony z szachownic w kolorach zielonym i niebieskim.
Messerschmitt Me 262A-1a, WNr. 501 232, "yellow 5" from ISS 1. It later flew with JV 44. The checkerboard pattern on the fuselage is made up of blue and green squares.

piecznie do zagrody rodziców. Po upływie kilkunastu dni zgłosił się do władz informując, iż został oficjalnie zwolniony z niewoli.[25]

Dowódca eskadry Hptm Abrahamczik wraz ze swoim bocznym, którym był Oblt. Haeffner wylądowali w München-Riem, gdzie oddali się w ręce Amerykanów. Czwarty pilot, Ofhr. Fröhlich wylądował na lotnisku Faßberg rozbijając maszynę. Sam wyszedł z wypadku bez szwanku i natychmiast trafił na party zorganizowane na cześć zwycięstwa przez lotników brytyjskich. Dopiero po dwóch dniach gościnni gospodarze odebrali mu pistolet i przekazali armii lądowej.

Podczas relatywnie krótkiego użytkowania samolotów odrzutowych Me 262 przez KG 51 jednostka ta poniosła bardzo wysokie straty w ludziach. Śmierć poniosło 172 jej żołnierzy, w tym 53 oficerów, 91 podoficerów i 28 szeregowych. Największą ilość lotów bojowych na pokładzie odrzutowych myśliwców bombardujących – 330 wykonał Ofw. Werschnik. Łącznie pułk użytkował 342 samoloty Me 262A-1a, Me 262A-1a/Jabo i Me 262A-2a. Łączne straty w sprzęcie wyniosły 234 maszyny, z tego 88 utracono w wyniku działań bojowych, pozostałe 146 maszyn zniszczonych zostało w wypadkach. Piloci KG 51 zgłosili zestrzelenie 5 samolotów alianckich.

Kommando Welter (10./NJG 11)

Wprowadzenie w drugiej połowie wojny przez RAF na szeroką skalę samolotu DH „Mosquito" w roli pathfinder, czyli maszyny oznaczającej cel dla bombowców nocnych, spowodowało konieczność przedsięwzięcia przez dowództwo Luftwaffe zdecydowanych kroków mających doprowadzić do neutralizacji niebezpieczeństwa grożącego ze strony tych samolotów. Szybko okazało się jednak, iż niemieckie nocne lotnictwo myśliwskie nie dysponuje żadnym typem samolotu, który byłby równie szybki jak Mosquito. Myśliwce nocne Luftwaffe przystosowane były do przechwytywania ciężkich, czterosilnikowych bombowców w rejonie przewidywanej trasy ich przelotu, do wykonywania takiego typu zadań potrzebna była im możli-

(via Autor)

Obst. Johannes Steinhoff na stanowisku dowodzenia JV 44, wiosna 1945 roku.

Obst. Johannes Steinhoff in the JV 44 commander's seat, Spring, 1945.

trees. With his briefcase under his arm and his parachute on his back he immediately jumped out of the cockpit. Before he ran away from the forest he tried to set fire to the plane. The leaking fuel didn't want to burn however. He gave up his plan to destroy the plane and went through the forest in the direction of his home. Soon afterwards, when he was crossing one of the paths, he met a local farmer who didn't recognize him. He asked him the way to a village lying in exactly the opposite direction to the one he was going to. This possibly saved his life because that same afternoon the British conducted a large-scale search for the pilot of a mysterious plane which landed by the forest. The questioned farmer sent them in the wrong direction.

At around 16.30 Batel reached the top of "White Mountain", a quite large hill from which he had a perfect view of his home village. He waited there until sunset, basking in the rays of the spring sun and watching the vehicles and soldiers. Then, under cover of darkness, he safely reached his parents' farm. After some two weeks he reported to the authorities saying he had officially been freed from captivity.[25]

---

[25] Dierich Wolfgang, op. cit. str. 242-243.

[25] Dierich Wolfgang, op. cit. pp. 242-243.

wość długiego przebywania w powietrzu, a nie wysoka prędkość pionowa i pozioma. Próby przechwytywania Mosquitów przez przystosowane do działań nocnych jednosilnikowe myśliwce dzienne typu Fw 190A i Bf 109G nie przyniosły zadowalających rezultatów, pokładanych nadziei nie spełniło również wprowadzenie do służby nowych samolotów typu Heinkel He 219 Uhu. Prawdziwym Moskitojäger (łowca moskitów) miał szansę zostać dopiero odrzutowy Messerschmitt Me 262.

W początkach lipca 1944 roku szef sztabu I. Korpusu Myśliwskiego Obst. Heiner Wittmer przyjął młodego oficera nocnego lotnictwa myśliwskiego, który zgłosił się do niego z niezwykłym pomysłem. Lt. Kurt Welter postanowił zrealizować ideę użycia odrzutowych myśliwców Me 262 w roli Moskitojäger. Obst. Wittmer zapalił się do tego pomysłu i przekonał do niego również dowódcę korpusu generała Beppo Schmidta, który uzyskał poparcie u dowódcy Luftflotte Reich, którym był Gen.Obst. Stumpf oraz u adiutanta Göringa Obst. von Brauchitscha. Po akceptacji pomysłu przez Führera rozpoczęto realizację projektu.

Początkowo do wykonywania zadań nocnego myśliwca miano przystosować płatowiec jednomiejscowego Me 262A-1a, który wyposażony byłby w aparaturę radiolokacyjną FuG 350Z Naxos oraz w wyposażenie dodatkowe ułatwiające pilotowi obsługę maszyny w ciemnościach (specjalne przyciemnienie tablicy przyrządów, oświetlenie wnętrza kabiny itp.). Na początku września 1944 roku zdecydowano się jednak na wykorzystanie do tego celu płatowca dwumiejscowej wersji szkolnej Messerschmitt Me 262B-1a. W przebudowanej tylnej kabinie zmieniono wyposażenie i wstawiono radiolokator FuG 218 Neptun V. Wprowadzone zmiany spowodowały zmniejszenie zapasu paliwa w tylnym, głównym zbiorniku do 350 dm^3, natomiast w zbiorniku pomocniczym do 250 dm^3. W związku z tym koniecznością stało się wyposażenie nocnej wersji Me 262B-1a/U1 w dwa dodatkowe, odrzucane zbiorniki paliwa o pojemności 300 dm^3 każdy. Makieta tej wersji ukończona została 21 listopada 1944 roku, produkcję seryjną rozpoczęto od lutego 1945 roku w zakładach Deutsche Lufthansa w Berlin-Staaken, gdzie zbudowano ich łącznie 12 egzemplarzy.

Tymczasem od początku listopada 1944 roku Lt. Kurt Welter objął dowodzenie niewielką jednostką, która otrzymała nazwę 10./NJG 11 Kom-

Flight commander Hptm Abrahamczik and his wingman Oblt. Haeffner landed in München-Riem, where they gave themselves in to the Americans. The fourth pilot, Ofhr. Fröhlich landed in Faßberg airfield crashing his plane. He was unhurt and immediately joined a party organized to celebrate the British pilots' victory. The hospitable hosts took away his pistol and handed him over to the ground troops only after two days.

During the relatively short period when KG 51 used Me 262 jets the unit suffered very high losses in personnel. 172 soldiers were killed including 53 officers, 91 non-coms and 28 privates. The largest number of combat flights in jet bomber fighters – 330 – was carried out by Ofw. Werschnik.

The group used a total of 342 Me 262A-1a, Me 262A-1a/Jabo and Me 262A-2a planes. The total losses in equipment amounted to 234 planes, 88 of which were lost in combat and the remaining 146 were destroyed in accidents. KG 51 pilots claimed 5 Allied planes.

Kommando Welter (10./NJG 11)

In the second half of the war RAF's introduction, on a large scale, of the DH "Mosquito" as a pathfinder – a plane marking targets for night bombers – made it necessary for Luftwaffe command to undertake decisive steps to neutralize the threat these planes caused. It soon turned out however that the German night Air Force doesn't have any type of fighter which would be as fast as the Mosquito. Luftwaffe's night fighters were adapted to intercept heavy, four-engine bombers in the area of their expected route of flight and for this purpose needed to be able to remain in the air for a long time, not necessarily have a high rate of climb or maximum velocity. Attempts at intercepting Mosquitoes by single-engine Fw 190A and Bf 109G day fighters adapted for operating at night didn't give satisfactory results, new Heinkel He 219 Uhu planes also didn't fulfill expectations. Only the new jet Messerschmitt Me 262 had a chance of becoming the new Moskitojäger (Mosquito hunter).

mando Welter. Obok jednosilnikowych myśliwców Bf 109G-10 i G-14 z radarami FuG 218 Neptun jednostka otrzymała dwa myśliwce odrzutowe Me 262A-1a. Jeszcze w tym samym miesiącu jednostka uzyskała pierwsze nocne zwycięstwo powietrzne na myśliwcu odrzutowym. W dniu 27 listopada 1944 roku Lt. Welter wystartował z lotniska Rechlin-Lärz i dzięki wzorowej współpracy z dowództwem obrony przeciwlotniczej Berlina i podporządkowanymi mu bateriami reflektorów przeciwlotniczych bez trudu przechwycił i zestrzelił bombowiec DH Mosquito. Jak wspomina Fw. Karl-Heinz Becker: *Pierwsze próby nocnego przechwytywania za pomocą Me 262 musiały mieć miejsce w listopadzie 1944 roku. W tym czasie Welter na pokładzie jednomiejscowego Me 262 wykonywał z lotniska Rechlin-Lärz loty próbne nad Berlinem. Po ich zakończeniu najczęściej lądował na jednym z lotnisk wokół Berlina i następnego dnia wracał do Rechlin-Lärz. Podczas takich akcji uzyskał również kilka zestrzeleń.*[26]

W grudniu 1944 roku Welter zapisał na swoje konto nie mniej niż trzy nocne zwycięstwa powietrz-

---

[26] Jurleit Manfred, op. cit. str. 82.

In the beginning of July, 1944 the chief of staff of the I. Fighter Corps Obst. Heiner Wittmer saw a young officer of the night Air Force who came up with an unusual idea. Lt. Kurt Welter decided to use jet Me 262 fighters as Moskitojäger. Obst. Wittmer was eager to try this idea out and convinced the corps' commander General Beppo Schmidt, who gained the support of the Luftflotte Reich commander Gen.Obst. Stumpf and Göring's aide-de-camp, Obst. von Brauchitsch. After the idea was accepted by the Führer the project was put to life. At first the tasks of the night fighter would be performed by the single-seat Me 262A-1a which would be equipped with FuG 350Z Naxos radar and with additional equipment facilitating control of the plane in the dark (darkened instrument panel, cockpit illumination etc.). At the beginning of September 1944 it was decided that a double-seat training version of the Messerschmitt Me 262B-1a would be used instead. In the reconstructed rear cockpit the equipment was changed and a FuG 218 Neptun V radar was inserted. These changes meant that the fuel supply in the rear main tank was reduced to 350

(via Autor)
Messerschmitt Me 262A-1a należący do JV 44, uwagę zwraca biała cyfra 5 namalowana na osłonie przedniej goleni podwozia.
Messerschmitt Me 262A-1a on strength with JV 44. Noteworthy is the white "5" painted on the flap of the forward landing gear.

ne, jednym z nich był Lancaster zestrzelony 12 grudnia 1944 roku. W nocy z 2 na 3 stycznia 1945 roku zestrzelił bombowiec Mosquito ze 139 dywizjonu, który pilotował F/Lt Howard, trzy noce później zestrzelił kolejnego Mosquito, tym razem był to samolot rozpoznawczy z 571 dywizjonu (pilot Flying Officer Henry). W nocy z 10 na 11 stycznia 1945 roku Welter zestrzelił następnego Mosquito.

Eskadra ponosiła jednak również straty. W nocy z 21 na 22 stycznia 1945 roku zginął Oblt. Heinz Brückner, a w nocy z 4 na 5 lutego 1945 roku śmierć ponieśli Ofw. Paul Brandl i Oblt. Walter Eppstein.

Nocą 7 lutego 1945 roku Oblt. Welter uzyskał kolejne zwycięstwo powietrzne, tym razem jego ofiarą stał się bombowiec Avro Lancaster z 582 dywizjonu. W nocy z 15 na 16 lutego 1945 roku strzelcy pokładowi brytyjskich bombowców zestrzelili samolot, który pilotował Ofw. Walter Bocksteigel. Pilot Luftwaffe zginął. W nocy 20 lutego 1945 roku piloci 10./NJG 11 zgłosili zestrzelenie trzech Mosquito.

Fw. Karl-Heinz Becker, który swoje pierwsze nocne zwycięstwo odniósł 21 lutego 1945 roku, gdy nad Berlinem zestrzelił Mosquito należące do 692 dywizjonu (pilot: Warrant Officer Mc Phee), tak opisuje taktykę stosowaną wówczas przez odrzutowe myśliwce nocne:

Taktyka działania była następująca: zasadniczo otwarte nocne polowanie nad Berlinem przeciwko Mosquito przy wsparciu reflektorów przeciwlotniczych lub po nawiązaniu kontaktu wzrokowego dzięki pozostawianym przez przeciwnika smugom kondensacyjnym albo poprzez wykorzystanie systemu naprowadzania z ziemi Himmelbett. Naprowadzanie z ziemi prowadzone było poprzez oficera kierującego ze stanowiska dowodzenia w Döberitz pod Berlinem.

Ja sam latałem wyłącznie maszyną jednomiejscową, planowano jednak objęcie przeze mnie samolotu dwumiejscowego z radiooperatorem. Mój radiooperator przybył już do eskadry. Kontakt radiowy utrzymywany był za pomocą radiostacji pokładowej FuG 16, do tego wyposażeni byliśmy w urządzenie swój/obcy, które można było nastawiać na przesyłania indywidualnego sygnału. (...)

Dysponując maszynami dwumiejscowymi podejmowano próby wczesnego dołączania się do nadlatującego strumienia bombowców. W tym przypadku problemem było jednak dostosowanie zbyt wysokiej pręd-

dm^3 and in the additional tank – to 250 dm^3. For this reason it was necessary to equip the night version of Me 262B-1a/U1 with two additional, jetisonable fuel tanks of 300 dm^3 each. The model of this version was finished on November 21st, 1944 and serial production began in February, 1945 in the Deutsche Lufthansa plant in Berlin-Staaken, where a total of 12 of these planes were built.

Meanwhile since the beginning of November, 1944 Lt. Kurt Welter took command of a small unit which was named the 10./NJG 11 Kommando Welter. Beside single-engine Bf 109G-10 and G-14 fighters with FuG 218 Neptun radar this unit received two Me 262A-1a jet fighters. Within the same month the unit won its first aerial night victory using a jet fighter. On November 27th, 1944 Lt. Welter took off from Rechlin-Lärz airfield and, thanks to exemplary cooperation with Berlin's AA defense command and their antiaircraft searchlight batteries, easily intercepted and shot down a DH Mosquito bomber. As Fw. Karl-Heinz Becker recalls: *The first attempts at intercepting in night conditions with the use of Me 262 must've taken place in November, 1944. At this time Welter, piloting a single-seat Me 262, carried out trial flights over Berlin from Rechlin-Lärz airfield. He also won a few victories during these missions.*[26]

In December, 1944 Welter added no less than three nighttime aerial victories to his count, one of which was a Lancaster shot down on December 12th, 1944. On the night between January 2nd and 3rd, 1945 he shot down a Mosquito bomber of the 139th Sqn piloted by F/Lt Howard, three nights later he shot down another Mosquito, this time a reconnaissance plane of the 571st Sqn (piloted by Flying Officer Henry). On the night between January 10th and 11th, 1945 Welter shot down one more Mosquito.

The flight also suffered losses. Oblt. Heinz Brückner was killed on the night between January 21st and 22nd, 1945 and Ofw. Paul Brandl and Oblt. Walter Eppstein – between February 4th and 5th, 1945.

On the night of February 7th, 1945 Oblt. Welter won another aerial victory, this time over an Avro Lancaster bomber of the 582nd Sqn. Be-

---

[26] Jurleit Manfred, op. cit. pg. 82.

kości własnej do prędkości przelotowej przeciwnika. Nie posiadaliśmy specjalnych hamulców aerodynamicznych, ani też automatycznej kontroli podawania paliwa. Dostosowanie prędkości możliwe było wyłącznie poprzez lot wznoszący, wszyscy postępowaliśmy w ten sposób, iż w rejon operacyjny wlatywaliśmy na wysokości około 1000 do 1500 metrów mniejszej od pułapu przeciwnika, a następnie wznosząc się, powoli zmniejszaliśmy dzielący nas dystans. Z tego też powodu prawie wszystkie ataki miały miejsce w locie wznoszącym od ogona samolotu przeciwnika. Przeciętnie nasza przewaga prędkości wynosiła około 250 km/h. Na uzyskanie zestrzelenia mieliśmy bardzo mało czasu, a dokładne celowanie było bardzo utrudnione. Warunki zewnętrzne wręcz wymuszały na nas używanie tylko dwóch z czterech działek MK 108. Ich szybkostrzelność nie była zbyt duża, a tor lotu pocisku po prostej w porównaniu z innymi typami działek był bardzo krótki, dlatego też zmuszony byłem w każdym przypadku maksymalnie zbliżyć się do wroga. Drugi atak nocą na ten sam cel był praktycznie niemożliwy, po pierwsze przeciwnik znikał z wiązki światła wysyłanej przez reflektor przeciwlotniczy, a po drugie mój promień zwrotu nie pozwalał na ponowne ustawienie się za ogonem tego samego celu. Po dostrzeżeniu przeciwnika z przyczyn opisanych powyżej zawsze otwierałem ogień bardzo późno, czasami wręcz zbyt późno! Pozwalałem, aby cel wleciał w krąg celownika, i czekałem aż do chwili, kiedy obydwa silniki Mosquito znajdą się w zewnętrznym pierścieniu siatki. Odległość wynosiła wówczas 180 metrów lub mniej, dopiero wówczas otwierałem ogień i w takich warunkach zawsze trafiałem. Używając tylko dwóch działek MK 108 ograniczałem siłę ognia, zmniejszało to znacznie niebezpieczeństwo rozerwania na strzępy trafionego bombowca. W ten sposób unikałem zagrożenia wynikającego ze zderzeniem się z wirującymi wokół szczątkami. Przy wysokich prędkościach niemożliwe było szybkie odchylenie kierunku lotu własnej maszyny w celu wykonania uniku. Nie pozwalało na to zbyt duże obciążenie powierzchni nośnych płatowca. Poza tym założyłem się z Welterem, o to, kto zestrzeli przeciwnika używając do tego jak najmniejszej ilości amunicji.

Początkowo stosowano taśmowanie amunicji, gdzie każdy piąty pocisk był smugowy. Świetlista smuga pozostawiana przez pocisk smugowy była jednak zbyt jasna, irytowało to wszystkich, a poza tym stanowiło ostrzeżenie dla przeciwnika. Dlatego też zmieniliśmy sposób taśmowania ustalając następującą kolejność: pocisk prze-

tween February 25th and 16th, 1945 gunners of British bombers shot down a plane piloted by Ofw. Walter Bocksteigel. The Luftwaffe pilot was killed. On the night of February 20th, 1945 pilots of the 10./NJG 11 reported a victory over three Mosquitoes.

Fw. Karl-Heinz Becker, who won his first nighttime victory on February 21st, 1945 over Berlin when he shot down a Mosquito of the 692nd Sqn (pilot: Warrant Officer Mc Phee), describes the tactics used at this time by night jets:

This is the tactics we used: A generally open night hunt over Berlin against Mosquitoes with the support of AA searchlights or after sighting condensation trails left by the enemy or with the use of the ground allocation system Himmelbett. We were guided from the ground by a guidance officer from a command post in Döberitz near Berlin.

I only piloted a single-seat plane, but there were plans for me to get a double-seat plane with a radio operator. My radio operator already arrived and joined the flight. Radio contact was maintained by means of a FuG 16 radio station, we were additionally equipped with friend-foe identification equipment which could be set to transmit an individual signal. (...)

Pilots of the double-seat planes made attempts at joining in with an approaching stream of bombers. In this case it was difficult to adjust the plane's

(via Autor)

Piloci JV 44 na płycie lotniska München-Riem w kwietniu 1945 roku.
Pilots from JV 44 at Munich-Riem airfield in April, 1945.

ciwpancerny odłamkowy, pocisk burzący i pocisk przeciwpancerny z zapalnikiem o działaniu ze zwłoką. Podczas naszych akcji najskuteczniejsze okazały się pociski burzące. Przy najlżejszym uderzeniu pocisk taki, wybijał ogromną dziurę, czasami odrywał całe skrzydło.

Jednakże nasze uzbrojenie strzeleckie miało również minusy. Nie posiadało na przykład ogrzewania. Na dużych wysokość pojawiało się zjawisko kondensacji. Broń pociła się podczas raptownego obniżania się temperatury, a następnie zamarzała lub też pokrywała warstwą szronu. Doprowadzało to do zacinania się działek. Również przy określonych wartościach przeciążenia podczas wykonywania manewrów dochodziło do blokowania się zamków. Z tych też powodów podjęto pierwsze próby z instalowaniem Schrägwaffen[27]. Do tego celu użyto karabinów maszynowych MG 131 mocowanych na specjalnie wzmocnionym łożu za fotelem pilota.[28]

W nocy z 23 na 24 lutego 1945 roku Karl-Heinz Becker zestrzelił drugiego Mosquito, tym razem była to maszyna ze 139 dywizjonu, którą pilotował F/Lt Searles. Następnej nocy jego łupem padły dwa kolejne Mosquito. Nocą z 3 na 4 marca

[27] Schrägwaffen – działka lotnicze montowane w kadłubie, strzelające ukośnie do góry do przodu, popularna nazwa w żargonie Luftwaffe Schräge Musik.
[28] Jurleit Manfred, op. cit. str. 82-84.

high velocity to the enemy's. We didn't have special aerodynamic brakes or automatic fuel dosage control. Adjusting our speed was only possible by climbing, all of us did it this way: we flew into the area of operations at an altitude 1000-1500 meters lower than that of the enemy and then while climbing we decreased the distance between us. For this reason almost all attacks were carried out during climbing, from behind the enemy's tail. Our average velocity advantage was 250 km/h. We had very little time to shoot down the enemy and precise aiming was very difficult. External conditions practically forced us to only use two of our four MK 108 guns. Their rate of fire wasn't too big and a projectile's trajectory was straight only along a short stretch, so in each case I was forced to maximally approach the enemy. A second night attack on the same target was practically impossible because first of all, the enemy disappeared from the searchlight's ray of light and second of all, my turning radius didn't allow me to return behind the same target's tail. For these reasons after sighting the enemy I always opened fire very late, sometimes too late! I let the target come inside my sight ring and waited until both of the Mosquito's engines appeared in the outer grid ring. The distance between us was then 180 meters or less, only then did I open

(via Autor)

Me 262A-1a, WNr. 111 745, „biała 5" z JV 44, który pilotował Ofw. Eduard Schallmoser.
Me 262A-1a, WNr. 111 745, "white 5" from JV 44, piloted by Ofw. Eduard Schallmoser.

(via Autor) Ten samolot w innym ujęciu, pod swastyką widoczny czarny numer seryjny 111 745.
Another view of the same plane with the serial number 111 745 visible under the swastika.

1945 roku eskadra straciła następnego pilota, był nim Ofw. August Weibling, którego samolot rozbił się w pobliżu Magdeburga. Trzy tygodnie później, 27 marca 1945 roku, Karl-Heinz Becker zapisał na swoje konto jeszcze jednego Mosquito. Tej samej nocy inni piloci 10./NJG 11 zestrzelili trzy inne bombowce tego samego typu.

Nocą 30 marca 1945 roku Oblt. Kurt Welter zestrzelił aż cztery Mosquito w rejonie Berlina. Następnej nocy dopisał do listy swoich zwycięstw jeszcze jednego, tym razem był to wariant myśliwski Mosquito z 418 dywizjonu (pilot: F/Lt Graham), który rozbił się na terytorium Holandii. Jak wyjaśniał po wojnie Welter tak duże sukcesy w zwalczaniu samolotów Mosquito możliwe były dzięki temu, iż piloci brytyjscy używali tylko trzech tras dolotowych do Berlina, które nazywali „platforms one, two and three". Poza tym Anglicy czuli się bezkarni, z dotychczasowych doświadczeń wiedzieli, iż w praktyce Luftwaffe nie dysponuje sprzętem, który pozwoliłby na ich przechwycenie.

Jednym z pilotów 10./NJG 11 był w tym czasie Lt. Kurt Lamm, po wojnie pilot linii lotniczych „Interflug" w NRD: *W roku 1944 zostałem zestrzelony w walce powietrznej nad Wiener-Neustadt. W szpitalu, a następnie w lazarecie miałem czas i okazję, aby zaznajomić się z doniesieniami dotyczącymi Me 262. Moja ciekawość odnośnie tej maszyny*

fire and in these conditions I always hit. I used only two MK 108 guns limiting my firepower to minimize the danger of ripping the bomber to bits. This way I avoided the threat of crashing into wreckage whirling around me. At high velocities it was impossible to quickly maneuver the plane to evade anything. The pressure on the plane's lifting surfaces was too high for this. Besides, I made a bet with Welter about which one of us would shoot down an enemy using the smallest amount of ammunition.

At first the ammunition was strapped so that every fifth shell was a tracer shell. The luminous trail left by the tracer shell was too bright however and irritated everybody, besides it was a warning to the enemy. So we changed the strapping, setting the order to the following: armor-piercing fragmentation shell, high-explosive shell and an armor-piercing shell with a delaying fuse. During our missions the high-explosive shells proved most effective. Such a shell blew out an enormous hole at the slightest touch, it sometimes ripped off a whole wing.

Our armament also had its drawbacks. It wasn't warmed, for example. At high altitudes we had to deal with condensation. The weapons sweated when the temperature decreased quickly and then froze or covered with a layer of frost. This caused the guns to jam. The breech mechanism also blocked during certain values of gravity-load caused by maneuvers. The

niepomiernie wzrosła w lutym 1945 roku podczas spotkania z ówczesnym Oblt. Kurtem Welterem. (...)

Znaliśmy się obaj z czasów, kiedy byliśmy instruktorami pilotażu. W szkole ślepego pilotażu 10 (Blindflugschule 10) w Altenburg zebrano wielu instruktorów z doświadczeniem w lotach bez widoczności ziemi i zorganizowano dla nich krótkie szkolenie na Me 109 i Fw 190 przygotowujące do działań w ramach „Wilde Sau"[29].

Kiedy spotkaliśmy się ponownie padliśmy sobie w ramiona, jak starzy przyjaciele. Zapoznał mnie ze stojącym przed nim zadaniem i zaczął czarować wiedzą o Me 262. Był to jego konik. Moje duże zainteresowanie wykazane tym samolotem było mu na rękę, bardzo się zdziwił słysząc, jak dużo informacji posiadam na temat tego „rączego rumaka". Opisał techniczne i personalne wymagania, które musiały zostać wypełnione podczas użytkowania samolotu o tak wysokich osiągach. Niestety, w wyniku problemów technicznych stracił już kilku doświadczonych pilotów. Reasumując zwrócił się do mnie tonem przełożonego: „Potrzebuję ciebie! Jesteś doświadczonym instruktorem pilotażu, latałeś na wielu typach samolotów i masz pojęcie o „Wilde Sau". Poradzisz sobie z tą maszyną. Posiadam wszelkie pełnomocnictwa i natychmiast załatwię sobie z samej góry pozwolenie na przydzielenie cię do mnie."

Najszybsza maszyna na świecie zachwycała mnie. Zapaliłem się do tego pomysłu. W ten sposób, bez zbędnej biurokracji, zostałem pilotem Me 262 w „Kommando Welter" na lotnisku Burg pod Magdeburgiem. Podczas pierwszego spotkania z oficerem technicznym, którym był Lt. Ruff, dowiedziałem się, iż nie udało się jeszcze pokonać „dziecięcych chorób" silników Jumo 004. Silniki te produkowano seryjnie dopiero od czerwca 1944 roku. (...)

Z paliwem było krucho. Oszczędzano go na nocne akcje bojowe nad Berlinem. Jest to proste wyjaśnienie faktu, jak to się stało, iż po dwóch okrążeniach lotniska w ciągu dnia i dwóch okrążeniach w nocy (nie dysponowaliśmy w tym czasie samolotami dwumiejscowymi, na których moglibyśmy zapoznać się z nowym typem myśliwca) zaliczony zostałem do grona nocnych pilotów myśliwskich wyznaczonych do „polowania na Mosquito".

W połowie marca odebrałem z Zerbst jednego Me 262, dzięki temu dysponowaliśmy teraz sześcio-

first attempts at installing Schrägwaffen[27] were made for these reasons. MG 131 machine guns were used for this purpose, mounted on a specially reinforced stand behind the pilot's seat[28].

On the night between February 23rd and 24th, 1945 Karl-Heinz Becker shot down a second Mosquito, this time a plane of the 139th Sqn piloted by F/Lt Searles. The following night two more Mosquitoes raised his victory count. Between March 3rd and 4th, 1945 the flight lost another pilot, Ofw. August Weibling whose plane crashed near Magdeburg. Three weeks later, on March 27th, 1945 Karl-Heinz Becker shot down another Mosquito. On the same night other pilots from the 10./NJG 11 destroyed three more bombers of the same type.

On the night of March 30th, 1945 Oblt. Kurt Welter shot down four Mosquitoes near Berlin. The following night he added one more victory to his count, this time over a fighter version of the Mosquito, of the 418th Sqn (pilot: F/Lt Graham), which crashed on the territory of Holland. As Welter explained after the war, such effectiveness at fighting Mosquitoes was possible because the British used only three air routes to Berlin which they called "platforms one, two and three". Besides, the British felt untouchable, knowing from experience that the Luftwaffe doesn't have planes which could intercept them.

One of the pilots in the 10./NJG 11 at this time was Lt. Kurt Lamm, a pilot of the "Interflug" airlines in DDR after the war:

In 1944 I was shot down in an aerial battle over Wiener-Neustadt. At hospital and then field hospital I had the time and possibilities to find out about Me 262. My curiosity concerning this plane grew considerably in February, 1945 during a meeting with Oblt. Kurt Welter. (...)

We both knew each other from when we were pilot instructors. The school of blind pilotage 10 (Blindflugschule 10) in Altenburg gathered many instructors experienced in flights with no sight of the ground who went through a brief training on Me 109 and Fw 190 which prepared them for operating within the "Wilde Sau"[29].

---

[29] Wilde Sau – taktyka zwalczania bombowców nocnych za pomocą jednosilnikowych myśliwców.

[27] Schrägwaffen – guns mounted in the fuselage which fired diagonally upward to the front, often called Schräge Musik in Luftwaffe jargon.
[28] Jurleit Manfred, op. cit. pp. 82-84.
[29] Wilde Sau – night bomber fighting tactic using single-engine fighters.

ma maszynami jednomiejscowymi. Zwykle tylko trzy lub cztery z nich startowały do nocnej akcji bojowej. Chciałbym opisać kilka z takich akcji. Ich przebieg doskonale odzwierciedla ówczesną sytuację.

Wystartowaliśmy nad Berlin w sile czterech maszyn. Nadlatywały szybkie bombowce De Havilland-98 Mosquito. Welter powiedział do mnie: „Pan wystartuje ostatni. Również podczas lotu powrotnego wylądujemy przed panem, później ponownie włączymy oświetlenie pasa startowego i włączymy reflektory."

Była to moja pierwsza akcja bojowa na Me 262. Po starcie, kiedy znajdowałem się jeszcze na małej wysokości wznosząc się w górę, niespodziewanie wysunęło się podwozie. W wyjściu z opresji pomogło mi całe moje doświadczenie lotnicze oraz szybki refleks. Natychmiast ustawiłem maszynę do lotu horyzontalnego, nacisnąłem przycisk chowania podwozia i okazało się, iż miałem szczęście. Podwozie schowało się i pozostało w tym położeniu. Kierując się w stronę Berlina kontynuowałem wznoszenie. Pomyślałem, iż było bardzo prawdopodobne, że w takiej sytuacji inny pilot mógłby stracić panowanie nad maszyną i runąć na ziemię. Wkrótce zbliżyliśmy się do nieprzyjaciela.

When we met again, we fell into each other's arms like old friends. He acquainted me with the mission he faced and began charming me with his knowledge of Me 262. This was his pet subject. The interest I showed in this plane suited him, he was very surprised to hear how much information I have about this "fleet steed". He described the technical and personal qualifications which had to be met by the user of a plane of such performance. Unfortunately, he already lost a few experienced pilots due to technical problems. Summing up, he turned to me with the tone of a superior: "I need you! You're an experienced pilot instructor, you piloted many types of planes and you know about the "Wilde Sau". You can handle this plane. I have the necessary authorization and I'll immediately get permission from the top to transfer you here."

The fastest plane in the world enraptured me. I was very eager to put this idea to life. This way, without unnecessary bureaucracy, I became a Me 262 pilot in the "Kommando Welter" at Burg airfield near Magdeburg. During my first meeting with the technical officer Lt. Ruff I found out that the Jumo 004 engines still hadn't overcome their "children's diseas-

(via Autor)
Wrak Me 262A-1a, który rozbił podczas startu w dniu 18 kwietnia 1945 roku Obst. Johannes Steinhoff.
The remains of a Me 262A-1a, crashed by Obst. Johannes Steinhoff during take-off on April 18, 1945.

Najpierw usłyszałem w słuchawkach okrzyk Weltera: „Horrido!" (zestrzelony!), a następnie każdy z nas z okrzykiem „Horrido!" spuścił z nieba prosto na gruzy Berlina po jednym płonącym jak pochodnia Mosquito. Później jeszcze raz usłyszałem Weltera krzyczącego „Horrido!". Miał niesamowitego nosa do nocnego polowania. Zawsze zabierał ze sobą do kabiny pluszowego pieska „Bonzo", który służył mu za talizman. Podczas lotu powrotnego na lotnisko Burg otrzymaliśmy ostrzeżenie drogą radiową: „Rekiny nad lotniskiem!" (Mosquito czekają na was!). Chciały zaskoczyć nas od tyłu podczas podchodzenia do lądowania. Reflektory ustawione na skraju lotniska, które świeciły pionowo w górę tworząc bramki wskazujące nam przebieg pasa startowego, natychmiast po naszym przelocie krzyżowały się, a lekka artyleria przeciwlotnicza wypuszczała w powietrze kilogramy żelaza. Jeden z Mosquito został przy tej okazji zestrzelony, a pozostałe odleciały. Byliśmy uratowani. Kiedy wstawiono moją maszynę do hangaru jeden z techników zwrócił się do mnie: "Przywiózł pan ze sobą od razu potwierdzenie uzyskanego zestrzelenia w postaci wgnieceń na osłonach silników i krawędzi natarcia." Zbliżając się z prędkością 850 km/h do szybkiego bombowca zauważyłem siedzących w kabinie pilotów, byłem tak zafascynowany tym widokiem, że trochę zbyt późno otworzyłem ogień. Salwa czterech

es". They had only been serially produced since April, 1944. (...)

The fuel supply was low. It was saved for night combat missions over Berlin. This is a simple explanation of why I became one of the night fighter pilots assigned for "Mosquito hunting" after only two circles over the airfield during the day and two at night (we didn't have double-seat planes on which we could acquaint ourselves with the new type of fighter then).

In the middle of March I picked up a Me 262 from Zerbst so we now had six single-seat planes. Usually only three or four of them took off for a night combat mission. I would like to describe a few of these operations. Their course perfectly shows the situation at the time.

Four of our planes took off for Berlin. Fast De Havilland-98 Mosquito bombers were approaching. Welter said to me: "You'll be the last to take off. We'll also land before you when we return, then we'll turn the runway lights and landing lights back on."

This was my first combat mission on a Me 262. After take-off, when I was still climbing at a low altitude, the landing gear unexpectedly lowered. My whole flying experience and quick reflexes helped me get out of trouble. I immediately positioned the plane into horizontal flight, pressed the landing gear folding button and it turned out I was lucky. The landing

(via Autor)

Messerschmitt Me 262A-1a/U4 (V083) wyposażony został w działko MK 214 kalibru 50 mm, samolot ten pilotował m.in. Maj. Herget z JV 44.
Messerschmitt Me 262A-1a/U4 (V083) was fitted with a MK 214 50 mm cannon and piloted by (among others) Maj. Herget of JV 44.

(via Autor)
Zbliżenie przedniej części kadłuba Me 262A-1a/U4 z działkiem MK 214, lato 1945 roku.
A close-up of the forward fuselage of the Me 262A-1a/U4 and the MK 214 cannon, Summer, 1945.

30 mm działek rozerwała na strzępy Mosquito, a ja musiałem poderwać swoją maszynę do góry, aby ominąć latające wokół fragmenty wraku.[30]

W nocy 3 kwietnia 1945 roku RAF stracił dwa następne Mosquito, jeden z nich, KB349 należący do 139 dywizjonu, który pilotował Sqd.Ldr. Dow, padł najprawdopodobniej łupem Oblt. Weltera. Dużo szczęścia miała załoga z 608 dywizjonu, która w nocy 14 kwietnia 1944 roku przeżyła spotkanie z Me 262 pilotowanym przez Weltera. Pilot Flying Officer George Nunn i nawigator Pilot Officer H.S.T. Harris wykonywali misję "Berlin Express"[31], odnaleźli cel i zrzucili ładunek bombowy. Podczas powrotu do domu obserwowali główny nalot bombowców czterosilnikowych, który tej nocy skierowany został na Potsdam. W pewnym momencie Harry Harris obejrzał się do tyłu i spostrzegł, ponad cienką smugą kondensacyjną pozostawianą za ogonem ich samolotu czerwone i zielone światełko. Pomyślał: „Jakiś idiota leci z zapalonymi światłami pozycyjnymi." Światełka zbliżały się w zadziwiającym tempie zmuszając pilota do gwałtownego odejścia w dół przez prawe skrzydło, w tym

gear folded and remained in this position. Flying in the direction of Berlin, I continued to climb. I thought that it was very probable that another pilot could lose control of the plane and plunge to the ground. We soon approached the enemy. I first heard Welter's shout in the earphones: "Horrido!" (shot down!), and then each one of us shouted "Horrido!" as we sent one Mosquito each, burning like a torch, plunging from the sky straight to the ruins of Berlin. Then I heard Welter shout "Horrido!" once again. He had amazing instinct for night hunts. He always took a toy dog "Bonzo" with him into the cockpit as a talisman. During the return flight to Burg we were warned by radio: "Sharks over the airfield!" (Mosquitoes are waiting for you!) They wanted to surprise us from behind while we were landing. Searchlights located at the edges of the airfield, first pointed upwards creating gates which showed us were the runway was, crossed immediately after we passed them and light AA artillery fired kilograms of iron into the air. One of the Mosquitoes was shot down and the others flew away. We were saved. When my plane was put into the hangar one of the technicians said: "You brought a confirmation of your victory with you – there are dents in the engine covers and in the leading edges." Approaching the bomber at 850 km/h I noticed the pilots sitting in the cockpit and this view

---

[30] Ibidem, op. cit. str. 85-86.
[31] Berlin Express – w żargonie RAF nazwa nalotów nękających na Berlin prowadzonych przez szybkie bombowce typu Mosquito.

momencie Harris zauważył błyski wystrzałów. Równocześnie Mosquito znalazł się w stożku światła, co najmniej piętnastu reflektorów przeciwlotniczych, które oślepiły brytyjskiego pilota. Nunn wykonał kilka gwałtownych manewrów, lecąc przez kilka kolejnych minut z zamkniętymi oczyma. Kiedy odzyskał wzrok znajdowali się na wysokości 500 metrów nad Berlinem lecąc na grzbiecie. Po powrocie na lotnisko Downham Market okazało się, że ich maszyna zainkasowała dwa trafienia.

Jak wspomina Lt. Kurt Lamm: *Dwunastego kwietnia zakończyliśmy działania operacyjne z lotniska Burg. Nasza obecność tam nie była żadną tajemnicą. Poza nami na lotnisku stacjonowały jeszcze samoloty Mistel – Ju 88 wyładowany materiałem wybuchowym niosący na grzbiecie Me 109 – oraz odrzutowe samoloty rozpoznawcze Arado 234. Formacje bombowe nieprzyjaciela nadlatywały nad naszą bazę falami. Po powrocie zobaczyliśmy, iż nasze kwatery zamienione zostały na popiół i gruzy. Dwa Me 262 należące do Kommando zostały zniszczone.*

10./NJG 11, którą my właściwie, aż do końca nazywaliśmy Kommando Welter, przeniesiona została do Lübeck (Lubeka). Cztery maszyny przetrwały bom-

fascinated me so much that I opened fire too late. The salvo from four 30 mm guns tore the Mosquito apart and I had to pull my plane up to avoid the wreckage whirling around.[30]

On the night of April 3rd, 1945 RAF lost two more Mosquitoes, one of which, KB349 of the 139th Sqn piloted by Sqd.Ldr. Dow, probably fell victim to Oblt. Welter. A crew from the 608th Sqn was very lucky – on the night of April 14th, 1944 they survived an encounter with a Me 262 piloted by Welter. The pilot Flying Officer George Nunn and navigator Pilot Officer H.S.T. Harris were carrying out the "Berlin Express"[31] mission, they found their target and dropped the bombs. During their return flight they watched the main raid of four-engine bombers which were attacking Potsdam that night. At one point Harry Harris looked back and saw a red and green light over the thin condensation trail left by their plane. He thought: "Some idiot is flying with his position lights on." The lights were

---

[30] Ibidem, op. cit. pp. 85-86.
[31] Berlin Express – in RAF jargon the name of harassing raids on Berlin carried out by fast Mosquito bombers.

Piloci USAAF podczas prowadzonych po wojnie prób z samolotem Me 262A-1a/U4, na nosie kadłuba napis „Wilma Jeanne".
USAAF pilots during testing of the Me 262A-1a/U4 after the war. The lettering on the nose reads "Wilma Jeanne".

(via Autor)
Ten sam samolot po przemalowaniu, napis „Wilma Jeanne" na nosie zastąpiony został napisem „Happy Hunter II".
The same plane after "Wilma Jeanne" was replaced with "Happy Hunter II".

bardowanie w dobrze zabezpieczonych boksach ukrytych w lesie. Po wycięciu przesieki nasze samoloty przeholowano na autostradę. W środku pomiędzy obiema nitkami autostrady znajdował się pas zieleni porośnięty krzakami wystartowaliśmy, więc z prawej nitki, kierując się w stronę Magdeburga. (...)

Moja ostatnia akcja z lotniska Lübeck miała decydujące znaczenie dla mojego dalszego zachowania się aż do zakończenia wojny. Dwie maszyny zostały przygotowane do akcji. W pogotowiu bojowym znajdowało się dwóch pilotów Oblt. Erhard i ja. Jednostki Mosquito nadlatywały nad Zatoką Helgolandzką poprzez Hamburg i Lübeck prosto na Berlin. Nie można było włączyć oświetlenia pasów startowych, ponieważ nieprzyjaciel przelatywał prosto nad nami. Wystartowaliśmy w ciemnościach tylko odrobinę rozjaśnionym nowiem Księżyca. Pierwszy wystartował Oblt. Erhard, ja dołączyłem do niego nieco później. Kiedy przylecieliśmy nad Berlin, po drodze musieliśmy się jeszcze wspiąć na pułap operacyjny, Mosquito już zdążyły zrzucić swój ładunek i zawracały. Mimo wszystko każdy z nas zaliczył po jednym zwycięstwie powietrznym. Reflektory przeciwlotnicze bezowocnie przeszukiwały niebo, wreszcie ich światła skupiły się na nas obu. Otrzymaliśmy rozkaz lądowania na lotnisku Staaken, ponieważ w Lübeck nie można było nadal oświetlić pasa. Niezwłocznie zmniejszyłem obroty paliwa, aby zmniejszyć jego zużycie. Z tego samego powodu szukając Staaken pozostawałem na pułapie pomiędzy 7000 a 8000 metrów. Wysoko w górę nad płonącym Berlinem unosiły się kłęby dymu. W jaki sposób będę w stanie odnaleźć Staaken w tym rozżarzonym

approaching at a surprising speed forcing the pilot to rapidly go down along the right wing, then Harry saw the flashes of gunfire. At the same time the Mosquito entered a cone of light created by at least fifteen antiaircraft searchlights which blinded the British pilot. Nunn performed a few rapid maneuvers, flying for a few minutes with his eyes shut. When he could see again they were at an altitude of 500 meters over Berlin flying on their back. After returning to Downham Market airfield they found out the plane was hit twice.

Lt. Kurt Lamm recalls: *On April twelfth we stopped operating from Burg airfield. Our presence there was not a secret. There were Mistel planes stationed there besides us – a Ju 88 loaded with explosives carrying an Me 109 on its back – and jet reconnaissance planes Arado 234. Enemy bomber formations appeared over our airbase in waves. After returning we saw that our quarters were turned into ashes and ruins. Two of the Kommando's Me 262s had been destroyed.*

The 10./NJG 11, which we called Kommando Welter until the end, was moved to Lübeck (Lubeka). Four planes survived the bombing in well-secured boxes hidden in the forest. After cutting a clearing our planes were hauled to the highway. There was a green strip of bushes between the two lanes of the highway, so we took off from the right lane and headed for Magdeburg. (...)

My last mission from Lübeck airfield influenced my behavior until the end of the war. Two planes were

i zadymionym oceanie ognia? Przyjaźnie wyglądające rozgwieżdżone niebo nie mogło mi w tym pomóc, ponieważ w dole było prawdziwe piekło. Erhard i ja na zmianę krzyczeliśmy do mikrofonu: Mamy ogromne pragnienie (mało paliwa), podajcie autostradę (kurs na lotnisko)! Kiedy podano nam kurs stwierdziłem, iż przez cały czas latałem nad Staaken nie zauważając go w dole. Zacząłem powoli pocić się ze strachu. Jednym okiem spoglądałem ukradkiem na wskaźnik paliwa i zegar pokładowy. Zasadniczo po godzinie lotu powinniśmy lądować. Ten czas został już przekroczony. Przed oczyma miałem obraz swojego skoku z płonącego Me 109 na południe od Wiener-Neustadt. Nie potrafiłem nawet wyobrazić sobie skoku prosto na płonące ruiny Berlina. Usłyszałem okrzyk Erharda: Mam ogromne pragnienie, przygotujcie straż pożarną!

Poprzez mgłę i zasłonę utworzoną przez dym dostrzegłem w dole „rzodkiewki"[32], wreszcie wiedziałem, gdzie mniej więcej znajduje się lotnisko. Teraz tylko musiałem niezwłocznie podejść do lądowania. Erhard znajdował się prawdopodobnie dużo niżej w dogodniejszej pozycji. Nie słyszałem już jego głosu w słuchawkach. Krzyknąłem jeszcze raz: Mam ogromne pragnienie, przygotujcie straż pożarną!

Zobaczyłem przed sobą lotnisko. Zapamiętałem dokładny przebieg pasa startowego i wykonałem przepisowy krąg. Wysunąłem podwozie i klapy do lądowania. Wytężając do bólu wzrok dostrzegłem wychylający się z mroku jasno oświetlony pas. Miałem szczęście!

Podczas kołowania jeden z silników przerwał pracę. W połowie drogi do budynków lotniska stanął

---

[32] Radieschen – w żargonie Luftwaffe wozy straży pożarnej.

prepared for action. Two pilots were in combat readiness, Oblt. Erhard and me. Mosquitoes were coming over Helgoland Bay through Hamburg and Lübeck straight over Berlin. The runway lights couldn't be turned on because the enemy was passing right over our heads. We took off in the dark, only slightly illuminated by the new moon. Oblt. Erhard took off first, I joined him slightly later. When we reached Berlin – we had to reach operational altitude before that – the Mosquitoes had already dropped their cargo and were turning back. Still, each one of us won one aerial victory. AA searchlights searched the sky to no avail, finally they focused on us. We were given orders to land on Staaken airfield because the one in Lübeck still couldn't illuminate its runway. I quickly dropped the fuel revolutions to lower the fuel's usage. For the same reason, I remained at an altitude between 7000 and 8000 meters while searching for Staaken. Clouds of smoke were rising from burning Berlin high up into the sky. How would I be able to find Staaken in this hot and smoking ocean of fire? The friendly looking starry sky couldn't help because below us there was real hell. Erhard and me took turns shouting into the microphone: We are very thirsty (the fuel is low), give us the highway (the direction to the airfield)! When we were given the course I realized that I had been flying over Staaken the whole time without noticing it. I began to sweat out of fear. I furtively glanced at the fuel gauge and the clock. Theoretically we should land after an hour of flight. We already exceeded this time. In my mind I saw myself jumping from a burning Me 109 south of Wiener-Neustadt. I couldn't even imagine a jump

Me 262A-1a, WNr. 111 857 należący do JV 44 na lotnisku Salzburg w maju 1945 roku.
Me 262A-1a, WNr. 111 857 from JV 44 at Salzburg airfield in May, 1945.

(via Autor)
Inny samolot z tej samej jednostki zdobyty po wojnie przez Amerykanów na terenie Austrii.
Another plane from the same unit captured by Americans after the war.

drugi, nie było już paliwa. Mój lot bojowy trwał 1 godzinę i 23 minuty, ustanowiłem tym samym rekord przebywania w powietrzu w warunkach operacyjnych. Nie był to jednak żaden bohaterski czyn.

Zanim podjechał do mnie ciągnik lotniskowy siedziałem wyczerpany w kabinie mojego „rączego rumaka". Starałem się zrozumieć sens tego typu akcji. W jaki sposób mam chronić dach budynku, gdy jego fundamenty dawno już zostały zniszczone? Czułem, że nie jestem już tym samym człowiekiem, który wystartował z Lübeck. Pomiędzy płomieniami, a słupami dymu starałem się odnaleźć światełko nadziei. Zrozumiałem, iż od teraz powinienem kierować się wyłącznie nakazami własnej woli. Opanowało mnie niejasne uczucie, iż nadszedł już czas, aby raz na zawsze skończyć z błędami młodości. Moja pierwsza miłość, która przed rokiem została moją żoną, czekała na mnie przecież w domu, a ja tymczasem tutaj igrałem z własnym życiem. Takie i podobne myśli przelatywały mi wówczas przez głowę.[33]

W połowie kwietnia 1945 roku 10./NJG 11 otrzymała pierwsze egzemplarze dwumiejscowej wersji Messerschmitt Me 262B-1a/U1. Świadkiem ich pojawienia się w jednostce był Lt. Herbert Leitner: *Nie zdążyłem nawet wykonać swojego pierwszego lotu bojowego, kiedy pewnego dnia otrzymałem od Weltera polecenie dostarczenia samolotu dwumiejscowego z lotniska Staaken. Zadanie to musiałem wykonać jeszcze dwa razy. Prawdopodobnie, dlatego iż*

straight into the burning ruins of Berlin. I heard Erhard shout: I'm extremely thirsty, prepare the firefighters!

Through the fog and the screen of smoke I noticed "radishes"[32] below, so I finally more or less knew where the airfield was. Now I immediately had to land. Erhard was probably much lower in a more suitable position. I didn't hear his voice in my earphones any more. I shouted once again: I'm very thirsty, prepare the firefighters!

I saw the airfield in front of me. I precisely remembered the runway and made the regulation circle over it. I lowered my landing gear and flaps. Straining my eyes to the point of pain I saw the brightly lit runway emerge from the darkness. I was lucky! When I was taxiing one of the engines stopped working. Halfway to the airfield buildings the other one stopped as well, there was no more fuel. My flight lasted 1 hour and 23 minutes, making me the record holder in time spent in the air during an operation. But it was no heroic act.

Before a towing vehicle arrived I sat exhausted in my "fleet steed's" cockpit. I tried to understand the purpose of such missions. How was I supposed to protect the roof of a building whose foundations had long been destroyed? I felt I was not the same person who had taken off from Lübeck. Between the flames and columns of smoke I tried to find a light of hope.

---

[33] Ibidem, op. cit. str. 86-87.

[32] Radieschen – in Luftwaffe jargon, the firefighters' truck.

zupełnie nieźle radziłem sobie, z tą troszkę za bardzo przeciążoną maszyną. Dwóch ludzi załogi, uzbrojenie, radiolokator z rozłożystymi antenami typu „Hirschgeweih"[34], wszystko to stanowiło o ogromnej różnicy w stosunku do maszyny jednomiejscowej.

Szczególnie ciężko było wystartować z lotniska Burg podczas bezwietrznej pogody. Należało wówczas rozpędzić maszynę aż na skraj lotniska i dopiero wtedy delikatnie, a nawet bardzo delikatnie unieść ją w powietrze. Kiedy już nabrało się wysokości i dodało gazu to lot stawał się dużo przyjemniejszy. Zasadniczo dolatywaliśmy w nakazany rejon oszczędzając paliwo, ponieważ zawartość zbiorników nie starczała na długo. Podczas latania z wielką prędkością na dużym pułapie przytrafiały nam się, szczególnie na początku, różne dziwne przygody. Wszyscy mieliśmy niewielkie doświadczenie w lataniu samolotami odrzutowymi, a ten, nawet dwumiejscowy, radykalnie różnił się od Ju 88G czy Bf 110G. Pewnej nocy naprowadzono nas na formację Mosquito. Kiedy zbliżyliśmy się do szybkich Anglików otworzyłem przepustnicę na całą szerokość, a „Mossi", szybciej niż tego oczekiwałem, wypełnił swoją sylwetką cały krąg celownika. Nieco zszokowany błyskawicznie cofnąłem przepustnicę. Efekt: Oba silniki zadudniły i przerwały pracę. Messerschmitt natychmiast wytracił prędkość,

[34] Poroże jelenia.

I understood that from that moment on I should only obey my own will. I was overcome by an unclear feeling that it was time for me to end the mistakes of my youth once and for all. My first love, who became my wife a year earlier, was waiting for me at home and here I was toying with my own life. These and similar thoughts passed through my head at the time.[33]

In the middle of April, 1945 the 10./NJG 11 received the first double-seat Messerschmitts Me 262B-1a/U1. Lt. Herbert Leitner was witness to their arrival: *I didn't even manage to carry out my first combat flight when one day I received an order from Welter to fly in a double-seat from Staaken airfield. I had to do this two more times. Probably because I handled this slightly too heavy plane quite well. Two crewmen, armament, radar with wide "Hirschgeweih"*[34] *antennae, all this added up to the difference between this plane and a single-seat.*

It was especially difficult to take off from Burg airfield during calm weather. I had to accelerate up to the rim of the runway and only then gently, even very gently, take off. Once the plane was at a certain altitude and the velocity was increased the flight became much more pleasant. We generally reached the target area saving fuel because what the tanks con-

[33] Ibidem, op. cit. pp. 86-87.
[34] Stag's antlers.

Kolejna maszyna JV 44 porzucona po zakończeniu wojny w Austrii.
Another plane from JV 44 abandoned in Austria after the war.

(via Autor)

a mnie nie udało się ponownie uruchomić silników. Kiedy maszyna zaczęła przepadać nie pozostało nam nic innego jak tylko wyskoczyć na spadochronie. Mój radiooperator, Reinhard Lommatzsch, musiał przy tej okazji zderzyć się z usterzeniem. Nie przeżył skoku.[35]

Dwumiejscowe myśliwce nocne Me 262B-1a/U1 pojawiły się zbyt późno i w zbyt małej ilości, aby odegrać znaczącą rolę w nocnych walkach nad Berlinem. Ich załogi wykonały zaledwie pięć operacji bojowych w trakcie, których uzyskały trzy zwycięstwa powietrzne.

Łącznie 10./NJG 11 „Kommando Welter" wykonał 70 akcji operacyjnych, a jego piloci odbyli 160 lotów bojowych zgłaszając uzyskanie 48 zwycięstw powietrznych. Najlepsze wyniki indywidualne osiągnęli: dowódca jednostki Oblt. Kurt Welter, który odniósł 35 zwycięstw powietrznych oraz Fw. Karl-Heinz Becker z siedmioma zwycięstwami powietrznymi.

Jagdverband 44

Pod koniec 1944 roku trwający od pewnego czasu konflikt pomiędzy głównodowodzącym Luftwaffe marszałkiem Hermannem Göringem, a dowódcą lotnictwa myśliwskiego generałem Adolfem Gallandem zaczął się zaostrzać. Galland za wszelką cenę chciał doprowadzić do przyspieszenia produkcji, a następnie szerszego zastosowania Me 262 w charakterze myśliwca przechwytującego, który mógłby przywrócić Luftwaffe panowanie w powietrzu nad Niemcami i na froncie wschodnim. Tymczasem Göring trzymając się ściśle rozkazów Führera pozwalał na rozdrobnienie wysiłków przemysłu, który obok wariantu myśliwskiego produkował duże ilości Me 262 w wersji myśliwca bombardującego. Poza tym dowódca Luftwaffe zarzucał Gallandowi zbytnią łagodność wobec podwładnych, których oskarżał o asekuranctwo w obliczu wroga. Spotkanie dowódców jednostek myśliwskich z Göringem w grudniu 1944 roku, którego przebieg marszałek Rzeszy potraktował jako otwarty bunt przeciwko jego osobie, a następnie ciężkie straty poniesione przez Luftwaffe w operacji Bodenplatte przeważyły szalę. Dowódca Luftwaffe wydał rozkaz, w którym odwołał Gen.Maj. Adolfa Gallanda ze stanowiska General der

[35] Ibidem, op. cit. str. 89-90.

tained didn't last for long. We had various strange adventures when flying at great velocity at a high altitude, at least at first. All of us had little experience in flying jet planes and this one, even the double-seat, was radically different from the Ju 88G or Bf 110G. One night we were guided to a Mosquito formation. When we approached the fast British planes I opened my throttle valve to the maximum and a "Mossi" filled my whole sight sooner than I expected. Slightly shocked, I immediately reduced the throttle. The result: Both engines rumbled and stopped working. The Messerschmitt immediately lost velocity and I was unable to start the engines again. When the plane started to drop there was nothing left for us to do but parachute. My radio operator Reinhard Lommatzsch must've hit one of the control surfaces. He didn't survive the jump.[35]

Double-seat night Me 262B-1a/U1 fighters appeared too late and there were too few of them to play a significant part in the night battles over Berlin. Their crews only carried out five combat operations during which they won three aerial victories. The 10./NJG 11 "Kommando Welter" carried out a total of 70 operations and its pilots carried out 160 combat flights claiming 48 aerial victories. The best individual results were achieved by: the unit's commander Oblt. Kurt Welter, who won 35 aerial victories and Fw. Karl-Heinz Becker with a count of seven aerial victories.

Jagdverband 44

At the end of 1944 the conflict between Luftwaffe's commander-in-chief Marshall Hermann Göring and the commander of the fighter Air Force General Adolf Galland, which had already lasted for some time, began to deepen. Galland wanted to speed up the production of Me 262 at all costs and then increase its use as an intercepting fighter which could let the Luftwaffe regain control over the sky over Berlin and the eastern front. Meanwhile, Göring strictly stuck to the Führer's orders allowing the industry's efforts to become fragmented while a large number of Me 262's were produced in a bomber fighter version besides the fighter version. The Luftwaffe's com-

[35] Ibidem, op. cit. pp. 89-90.

Jagdflieger. Jego następcą mianowany został Obst. Gordon Gollob.

Tymczasem Galland otrzymał bezpośrednio od Hitlera rozkaz stworzenia nowej jednostki wyposażonej w samoloty odrzutowe. Udał się na lotnisko Brandenburg-Briest, gdzie stacjonowały wówczas Stab i III./JG 7, którymi dowodzili Obst. Johannes Steinhoff oraz Maj. Erich Hohagen. W krótkim czasie akces do jednostki tworzonej przez Gallanda zgłosili nie tylko wyżej wymienieni dowódcy JG 7, ale również i inni wybitni piloci myśliwscy tacy jak Obst. Günter Lützow, Obstlt. Gerhard Barkhorn, Hptm. Walter Krupiński i inni. Jak wspomina Galland: *W styczniu 1945 roku na rozkaz Hitlera rozpoczęliśmy formowanie jednostki. Wkrótce w całej Jagdwaffe zrobiło się głośno o tym, co dzieje się w Brandenburg-Briest, gdzie nasz JV 44 nabierał powoli realnych kształtów. Również oznaczenie JV 44 ma swoją kuriozalną historię. Natychmiast po otrzymaniu pełnomocnictwa do utworzenia jednostki w 6 wydziale generalnego kwatermistrza przeprowadziłem niezbędne rozmowy. Kiedy już organizacja jednostki została określona w ramowy sposób, pojawiło się pytanie, jaką nazwę powinna nosić. Nie była to ani eskadra, ani dywizjon, ani też pułk. Jednostka ta łamała wszelkie dotychczasowe standardy organizacyjne Luftwaffe. Tak, więc jedynym akceptowalnym określeniem stał się Jagdverband (oddział myśliwski). Nazwa Jagdverband Galland nie mogła zostać dopuszczona. Wreszcie wpadłem na następujący pomysł: Jagdverband 44/JV 44. Przedstawiłem swoją propozycję, która wymagała jednak jeszcze wyjaśnienia z mojej strony. Przedstawiłem je w następujący sposób: Z jednej strony moje starania o utworzenie jednostki myśliwców odrzutowych sięgają roku 1944. Z drugiej zaś strony jednostka będzie liczyć w najlepszym przypadku 44 samoloty, a najprawdopodobniej jednorazowo uda nam się wysyłać w powietrze nie więcej, niż 4 + 4, czyli 8 samolotów. I zakończyłem z berlińskim akcentem: jedna czwórka niewiele wskóra, dlatego też spróbujemy dwiema czwórkami. Od tamtej pory nasze oficjalne oznaczenie JV 44 nabrało mocy urzędowej.*

Steinhoff kierował przeszkoleniem pilotów. Lützow dotarł do nas z Włoch. Barkhorn, który uzyskał na wschodzie przeszło 300 zwycięstw powietrznych, Hohagen, Schnell i Krupiński dołączyli do nas prosto ze szpitali. Wielu zameldowało się samych, bez przydziałów służbowych i oficjalnych zwolnień z dotychczasowych jednostek. Prawie wszyscy uczestniczyli w bojach

mander also blamed Galland for being too gentle to his subordinates, whom he accused of prevarication in the face of the enemy. The fighter unit commanders' meeting with Göring in December, 1944 was treated by the Reich's Marshall as open mutiny against himself. This and the heavy losses suffered by the Luftwaffe during operation Bodenplatte tipped the scales. The Luftwaffe's commander gave an order in which he removed Gen.Maj. Adolf Galland from the position of General der Jagdflieger. His successor was Obst. Gordon Gollob.

Meanwhile Galland was given direct orders from Hitler to create a new unit equipped with jet planes. He went to the Branderburg-Briest airfield where Stab and III./JG 7, commanded by Obst. Johannes Steinhoff and Maj. Erich Hohagen, were stationed. After a short period of time not only the above-mentioned commanders declared an intention of joining the formed unit but also other exceptional fighter pilots such as Obst. Günter Lützow, Obstlt. Gerhard Barkhorn, Hptm. Walter Krupiński and others. Galland recalls: *In January, 1945 we began to form the unit on Hitler's orders. Soon all of the Jagdwaffe was talking about what was going on in Brandenburg-Briest, where our JV 44 was slowly coming to life. The designation JV 44 also has an interesting story behind it. Immediately after receiving authorization to form a unit from the 6th department of the general quartermaster, I had the necessary conversations. Once the unit's organization was generally decided upon, the question of its name came up. It was neither a flight nor a squadron or group. The unit broke all previous Luftwaffe organization standards. So the only acceptable name was Jagdverband (fighter unit). The name Jagdverband Galland couldn't be accepted. Finally I came up with the following idea: Jagdverband 44/JV 44. I presented my idea, which needed an explanation on my part. This is what I said: My efforts to create a unit of jet fighters date back to 1944. On the other hand the unit will consist of 44 planes at most and we will probably be able to send no more than 8 planes into the air at any given time, that's 4 + 4. I ended with a Berlin accent: four planes won't be very effective, so we'll try two fours. Since then our designation JV 44 received official status.*

Steinhoff was in charge of the pilots' training. Lützow came from Italy. Barkhorn, who won over 300

od pierwszego dnia wojny. Praktycznie nie było nikogo, kto nie byłby, co najmniej raz ranny. Wszyscy wymienieni, obok najwyższych odznaczeń, nosili również na sobie widoczne piętna odbytych walk. Można powiedzieć, iż Krzyż Rycerski należał do stroju służbowego naszego oddziału. Teraz, po długotrwałej konieczności znoszenia technicznej i liczebnej przewagi wroga, chcieli jeszcze raz przeżyć uczucie lotniczej wyższości nad nieprzyjacielem. Jako pierwsi piloci odrzutowych myśliwców Luftwaffe chcieli zostać zaliczeni do ostatnich lotników myśliwskich Luftwaffe.[36]

Pierwsze samoloty oraz pierwsi piloci JV 44 gotowi byli do akcji już 10 lutego 1945 roku. Oficjalny rozkaz o utworzeniu nowej jednostki pochodzi z 24 lutego 1945 roku: *JV 44 na lotnisku Brandenburg-Briest w oparciu o personel 16./JG 54, Industrieselbstschutzschwärme 1 + 2 i III./Erg.JG 2. Dowódca tego oddziału otrzymuje uprawnienia dyscyplinarne rów-*

aerial victories in the east, Hohagen, Schnell and Krupiński joined us straight from hospital. Many of them reported on their own accord, without posting or official dismissal from their previous units. Almost all of them had participated in combat since the first days of the war. There was practically nobody who hadn't been wounded at least once. All of the ones named above had received highest honors and carried visible signs of their previous battles. You could say the Knight's Cross was part of our official suit. Now, after having suffered the technical advantage and greater number of the enemy for a long time, they wanted once again to feel their superiority over the enemy. Being the first jet fighter pilots in the Luftwaffe they also wanted to be one of the last Luftwaffe fighter pilots.[36]

JV 44's first planes and pilots were ready for action on February 10th, 1945. The official orders to

---

[36] Galland Adolf: Die Letzten, Weltluftfahrt, Coburg, Heft 3/1956.

[36] Galland Adolf: Die Letzten, Weltluftfahrt, Coburg, Heft 3/1956.

(via Autor)
Messerschmitt Me 262A-1a należący do JV 44 w zbombardowanym hangarze po zakończeniu wojny.
Messerschmitt Me 262A-1a from JV 44 in a bombarded hangar after hostilities ended.

ne dowódcy dywizji zgodnie z rozporządzeniem służbowym Luftwaffe 3/9 par. 17, jest w każdym aspekcie podporządkowany Luftflotte Reich i wchodzi w skład Luftgaukommando III (Berlin). Jednostka bojowa Galland (Gen.Maj.) posiada przejściowo siłę 16 samolotów frontowych Me 262 + 15 pilotów.

Podpisano Generalleutnant Koller, szef sztabu generalnego Luftwaffe.[37]

Pierwsze zwycięstwo powietrzne jednostka uzyskała już 23 lutego 1945 roku. Jak wspomina Obst. Johannes Steinhoff: *No to już trzeci raz w ciągu pięciu lat wojny znalazłem się na lotnisku Brandenburg-Briest. Tym razem jednak nie byłem tutaj w charakterze dowódcy jednostki myśliwskiej, ale bardziej jako dziewczyna do wszystkiego, której zadaniem było stworzenie eskadry wspólnie z jej dowódcą w stopniu Generalleutnanta.*

Zawsze zastanawiałem się, dlaczego Alianci oszczędzili nasze lotnisko. Niszczyli przecież poza tym wszystko, co możliwe, a co miało bez wątpienia znacznie mniejsze strategiczne znaczenie aniżeli lotnisko, które stanowiło odgałęzienie przemysłu lotniczego, gdzie zajmowano się rozwojem nowej broni, która mogła stanowić śmiertelne zagrożenie dla bombowców. Ta zagadka pozostała nierozwiązana, musieli prawdopodobnie nas po prostu przeoczyć.

Eskadra, którą pozwolono nam stworzyć, była właśnie eskadrą myśliwców odrzutowych, pewnym eksperymentem, który miał dać nam okazję do udowodnienia, iż Me 262 jest rasowym samolotem myśliwskim potrafiącym zestrzeliwać bombowce. Właściwie nikt nam tak na prawdę nie pomógł stanąć na nogi. Mój były pułk, JG 7, stacjonował na tym samym lotnisku. Jednak jego oficerowie nieszczególnie troszczyli się o nowy, specjalny oddział Luftwaffe. Wydawało się, że nasza obecność jest im w jakiś sposób przykra.

Pierwsze dni były szczególnie ciężkie dla naszej małej jednostki. Mój dawny pułk dostał wytyczne od następcy Gallanda, aby nie udzielać nam jakiejkolwiek pomocy. Po prostu ignorowali naszą obecność. Jednak generał Galland posiadał wpływowych przyjaciół i w ten sposób napływało do nas coraz więcej sprzętu, docierały samoloty, części zamienne, uzbrojenie, a nawet drugi Kübelwagen.[38]

Piloci, których z ogromną niechęcią nam przekazano, byli młodzi i niedoświadczeni z wyjątkiem Maj.

create the new unit comes from February 24th, 1945: JV 44 on Brandenburg-Briest airfield, based on the personnel of the 16./JG 54, Industrieselbstschutzschwärme 1 + 2 and III./Erg.JG 2. The unit's commander receives disciplinary authorization equal to that of squadron commander in accordance with the Luftwaffe official directive 3/9 § 17, is in every way subordinate to Luftflotte Reich and is part of Luftgaukommando III (Berlin). The combat unit Galland (Gen.Maj.) temporarily consists of 16 front planes Me 262 + 15 pilots.

Signed Generalleutnant Koller, chief of Luftwaffe general staff.[37]

The unit's first aerial victory was won on February 23rd, 1945. Obst. Johannes Steinhoff recalls: *This was the third time during five years of the war when I arrived at Brandenburg-Briest airfield. This time I wasn't here as a fighter unit commander but more as a girl for every job, whose task it was to create a flight together with its commander in the rank of Generalleutnant.*

I always wondered why the Allies spared our airfield. After all they destroyed every possible target, even things of much smaller strategic significance than an airfield which was a branch of the air industry, where new armament was developed which could prove lethal for their bombers. This question was left unanswered, they must've simply overlooked us.

The flight we were allowed to create was an experimental flight of jet fighters which was supposed to prove that Me 262 is a proper fighter which is capable of shooting down bombers. Actually nobody really helped us. My former group, JG 7, was stationed on the same airfield. But its officers weren't too caring about the new special Luftwaffe unit. It seemed that our presence is in some way unpleasant.

The first days were especially difficult for our small unit. My former group was given instructions from Galland's successor not to give us any help. They simply ignored our presence. General Galland had influential friends however and this way we received new equipment, planes, spare parts, armament and even a second Kübelwagen.[38]

The pilots we were unwillingly given were young and inexperienced except for Maj. "Bubi" Schnell, who arrived without orders for transfer, straight after being released from hospital where he had been healing

---

[37] Ethell J., Price A.: op. cit. str. 54.
[38] Samochód terenowy.

[37] Ethell J., Price A.: op. cit. pg. 54.
[38] Jeep.

"Bubi" Schnella, który dotarł do nas bez rozkazu o przeniesieniu, prosto po zwolnieniu ze szpitala, gdzie leczył odniesione rany. Wychwalana niegdyś doskonała organizacja Luftwaffe uległa daleko idącemu rozkładowi. W jej strukturze pojawiło się wiele szpar.

Zostałem „szefem wyszkolenia". Mój stary, wierny Kaczmarek Fährmann pełnił obowiązki oficera technicznego, nigdy wcześniej w życiu nie zajmował się czymś takim. Oberleutnant Blomert przyszedł do nas z jednostki bombowej, specjalizował się w Ju 88, a swoją ostatnią pętlę wykonał w szkole pilotażu. Po drodze na stanowiska, gdzie czekały na nas samoloty zamieniłem kilka słów z Blomertem. Wyjaśniłem mu, że chcę lecieć nad front wschodni, który znajdował się w odległości zaledwie kilkudziesięciu kilometrów od nas, a on ma lecieć koło mnie jak przyklejony i przez cały czas powtarzać wszystkie moje manewry.

Nowe samoloty stały na placu na końcu pasa startowego. Za nim widać było teren z płytkimi żwirowniami, porośnięty krzewami, chwastami i pełen śmieci. W kotlinie powstałej po wydobyciu żwiru Volkssturm ćwiczył strzelanie z Panzerfaustów. Kiedy szykowałem się do zajęcia miejsca za sterami najnowocześniejszego i najszybszego samolotu wojskowego świata, w odległości kilkudziesięciu metrów ode mnie starsi obywatele, którzy z pewnością nigdy nie byli żołnierzami uczyli się, jak z pomocą Panzerfaustu, z najbliższej odległości, zniszczyć czołg. Byli bardzo bladzi, a w swoich roboczych kombinezonach stwarzali deprymujący widok. Tak jakby uświadamia-

his wounds. The once praised Luftwaffe organization was falling apart. There were many cracks in its structure.

I became the "training chief". My old, faithful Kaczmarek Fährmann performed the duties of technical officer which he had never in his life done before. Oberleutnant Blomert came to us from a bomber unit, he specialized in Ju 88s and had performed his last loop in training. I exchanged a few words with Blomert on the way to our posts, where the planes were waiting for us. I explained that I want to go to the eastern front which was only a few dozen kilometers away and that he is to fly next to me like he was glued and follow all my maneuvers.

The new planes were standing at the end of the runway. Behind them we could see an area of shallow gravel mines overgrown with bushes, weeds and full of trash. In a pit created after mining gravel the Volkssturm were practicing shooting from Panzerfausts. When I was preparing to take my seat behind the steering panel of the world's most modern and fastest army plane, a few dozen meters away elderly citizens who had obviously never been soldiers were learning how to destroy a tank with a Panzerfaust at close range. They were very pale and were a depressing sight in their working suits. As if realizing the dread of the situation, they didn't even try to look in our direction. We had to seem members of some highly privileged class to them, and in fact we were. We wore new gray, leather jackets with velvet collars and

(via Autor)
Rozpoznawczy Messerschmitt Me 262A-1a/U3 zdobyty i testowany przez Amerykanów. Wyraźnie widoczne kroplowe osłony kamer umieszczone w przedniej części kadłuba.
A reconnaissance Me 262A-1a/U3 captured and tested by the Americans. The camera fairing on the forward fuselage is clearly visible.

jąc sobie grozę całej tej sytuacji nie próbowali nawet spoglądać w naszą stronę. Musieliśmy wydawać im się eksponatami jakiejś szczególnie uprzywilejowanej klasy, którą przecież byliśmy. Nosiliśmy nowe szare, skórzane kombinezony z aksamitnym kołnierzem oraz żółte, jedwabne szaliki zawiązane w elegancki węzeł. Rękawiczki, futrzane wysokie buty, kabury pistoletów, wszystko to było eleganckie i całkiem nowe. Volkssturmiści w niebieskich, ślusarskich kombinezonach z pewnością nie wiedzieli, co mają o nas myśleć. Machina propagandowa Rzeszy uczyniła z nas bohaterów, być może wybaczyli nam nasz snobizm, w przekonaniu, iż możemy dokonywać cudów.

Nasi mechanicy zajęci byli samolotami i całkowicie ignorowali ludzi w żwirowni. Blomert stał blady i zdenerwowany obok mnie. Wyraźnie był podniecony możliwością nauki latania myśliwcem. Jednak ciągle jeszcze była to dla niego tajemna sztuka.

– Jak tylko poderwę swoją maszynę do góry, a pan zobaczy, że chowam podwozie proszę zwolnić hamulce..., polecimy w szyku bojowym. Proszę trzymać się z prawej lub z lewej strony ode mnie i zachowywać odpowiedni odstęp. Jednak w żadnym wypadku nie może mnie pan stracić z oczu!

– Tak jest, Herr Oberst!

– Oblecimy Berlin od północy. Kiedy zbliżymy się do Odry musimy liczyć się z rosyjskimi myśliwcami. Dlatego też proszę trzymać się blisko.

– Tak jest, Herr Oberst!

Kiedy zdjąłem stopy z hamulca samolot zaczął się powoli, bardzo powoli, poruszać. Ciąg wytwarzany przez turbiny był zbyt słaby dla tak ciężkiego samolotu podczas startu. Następnie prędkość zaczęła wzrastać, stery zaczęły być posłuszne ruchom drążka i orczyka i po, jak mi się zdawało, trwającym całą wieczność rozbiegu maszyna wzbiła się w powietrze. Odcinek czasowy od startu do chwili, kiedy samolot nabrał prędkości umożliwiającej wykonywanie manewrów bojowych wydawał się niezmiernie długi. Wkrótce pod nami pojawił się Berlin. Na południu unosiły się kłęby jasnego dymu, Mosquito zrzuciły w nocy ciężkie bomby. Tu widać było stolicę Rzeszy, która budziła się do życia w ciągu dnia, a tam na wschodzie w odległości kilku minut lotu toczyła się bitwa nad Odrą. Lecieliśmy wschodnim kursem wzdłuż drogi biegnącej prosto jak po sznurku do Frankfurtu nad Odrą. Krajobraz z dużymi obszarami leśnymi pozbawionymi liści, czarnymi jak na szkicu wykonanym węglem, które gdzie niegdzie poznaczone były jasnymi smugami pary wydobywają-

silk yellow scarves tied in an elegant knot. Gloves, tall fur shoes, gun holsters, everything was elegant and quite new. The Volksturmists in their blue working suits probably didn't know what to think of us. The Reich's propaganda made heroes of us, maybe they forgave us our snobbism, convinced that we can perform miracles.

Our mechanics were occupied with the planes and completely ignored people from the gravel mine. Blomert was standing next to me, pale and nervous. He was obviously excited about the possibility of learning to fly a jet plane. It was still a mystery to him however.

– As soon as I take off and you see that I'm folding my landing gear please release your brakes..., we'll fly in combat formation. Please keep to the left or right of me and keep the proper distance. You must not lose sight of me under no circumstances however!

– Yes sir, Herr Oberst!

– We'll go around Berlin from the north. When we approach the Oder we have to watch out for Russian fighters. So please stay close.

– Yes sir, Herr Oberst!

When I released the brake the plane slowly, very slowly began to move. The power of the turbines was too small for such a heavy plane during take-off. Then the speed increased, the steering began to obey the joystick and rudder-bar and after a take-off run which seemed to last forever the plane finally took off. The time period between take-off and the moment the plane had sufficient velocity to perform combat maneuvers seemed incredibly long. Berlin appeared below us soon afterwards. Clouds of white smoke were rising to the south, Mosquitoes had dropped heavy bombs during the night. Here we could see the Reich's capital waking up to a new day and to the east, only a few minute flight away, raged a battle over the Oder. We were flying east along a road running straight toward Frankfurt am Oder. The scenery, filled with forest areas devoid of leaves, black as if drawn with a coal stick, spotted in a few places with white columns of smoke coming out of the smokestacks of passing railway engines and the spots of single farms and villages, made a friendly, peaceful impression. We could see the thin line of the river going north forever. And everywhere along its shores there were fires marking ongoing fighting which Wermacht reports mentioned every day. Suddenly small clouds of exploding AA projectiles appeared in front of us. They looked

cej się z kominów przejeżdżających lokomotyw oraz plamami pojedynczych zagród i całych wsi, sprawiał przyjazne, pokojowe wrażenie. Aż w nieskończoną dal można było śledzić ciągnącą się na północ nitkę rzeki. A wszędzie wzdłuż brzegów widoczne były pożary wskazujące miejsca trwających walk, o których informowały codzienne raporty Wehrmachtu. Naraz na naszym kursie pojawiły się obłoczki wybuchających pocisków przeciwlotniczych, wyglądały tak, jak gdyby chciały przegrodzić nam drogę. Dobrzy artylerzyści – pułap wyliczony został bardzo dokładnie! Przelecieliśmy Odrę i zaczęliśmy zmniejszać wysokość lotu, aby lepiej przyjrzeć się wydarzeniom na ziemi.

Bezpośrednio przede mną wisiał w powietrzu rosyjski myśliwiec, jego elegancka, ciemna sylwetka ze spiczastymi końcami skrzydeł szybko się powiększała. Nie byłem przygotowany na skoordynowanie w ułamku sekundy kursu mojego Me 262 oraz wskazań celownika. Tylko metry dzieliły mnie od myśliwca, gdy

as if they wanted to cross our path. Good artillery men – our altitude was counted very precisely! We flew across the Oder and began to decrease our altitude to take a better look at the events on the ground.

A Russian fighter was hanging in the air directly in front of me, its elegant dark silhouette with its pointy wingtips growing very fast. I wasn't prepared to coordinate my course and the sight in a fraction of a second. I was meters away from the fighter when I passed it pulling vertically upwards, straight in the direction of the blue sky. Looking back I saw the barrels of his deck guns. He put his plane in a vertical position and was constantly shooting in my direction.

You made a big mistake, I thought. You should've approached him from a different position, from below. Then he couldn't outmaneuver you. And then all you would have to do is pull the plane up in the last moment and fire a volley straight into his belly from underneath... There was a whole group of fighters

(via Autor)

Messerschmitt Me 262A-1a/Jabo, WNr. 500 079, F1+DA ze Stab/KG 76 zdobyty przez Amerykanów w Gibelstadt. Nos maszyny oraz końcówka usterzenia pionowego zielone z cienkim białym pasem ograniczającym zieleń od reszty płatowca. Kołpak koła przedniego w kolorze RLM 66.

Messerschmitt Me 262A-1a/Jabo, WNr. 500 079, FD+DA from Stab/KG 76 captured by the Americans in Gibelstadt. The nose and the tailplane tip are green with a thin white border. The forward hubcap is RLM 66.

mijałem go wyrywając pionową świecą do góry, prosto w stronę błękitnego nieba. Spoglądając do tyłu widziałem wyloty luf jego broni pokładowej. Ustawił samolot pionowo i nieprzerwanie strzelał w moim kierunku.

Zrobiłeś duży błąd, pomyślałem. Należało podlecieć do niego z innej pozycji, od spodu. Wówczas nie mógłby cię wymanewrować. A później wystarczyłoby w ostatniej chwili poderwać maszynę i wpakować mu od dołu serię z działek prosto w brzuch... Pode mną krążyła cała grupa myśliwców, mogło ich być dziesięć albo dwanaście. Wszystkie one miotały się w powietrzu wykonując nieskoordynowane wiraże, raz wznosząc się, a to znów nurkując, kręciły pętle i beczki, wszystko to należało do ich zwykłej taktyki. W tym wszystkim dało się jednak odczuć pewną arogancję. Znajdujemy się przecież nad Rzeszą, a gdzie są te sławne niemieckie myśliwce? Chęć poczęstowania, któregoś z nich serią z działek była duża. Jednak, kiedy tylko mnie spostrzegły zaczęły kręcić jeszcze bardziej dzikie akrobacje, lecąc po prostej zaledwie po kilka metrów, co niesamowicie utrudniało mi zbliżenie się do nich. Musiałem zniknąć im z pola widzenia, oddalić się na znaczną odległość, następnie zbliżyć się ponownie lecąc na tej samej wysokości, aby móc przebić się prosto poprzez ten cały cyrk. Musiałbym wówczas zareagować błyskawicznie, ostrzelać tego, który akurat leciałby po prostej i uważnie obserwować pozostałych, żeby uniknąć zderzenia.

A gdzie podział się Blomert? Zobaczyłem go daleko za mną, miał wyraźne kłopoty z utrzymaniem się w szyku blisko mnie. Czy mógłbym się odważyć, aby razem z nim wpaść w sam środek tego gniazda os? Była to jednak tylko myśl na marginesie, zamiar był jasno sprecyzowany, rozpocząć bijatykę, podjąć walkę powietrzną, tak jak już setki razy podczas tej wojny. Lekko zmniejszyć gaz. Lewym wirażem, płytką spiralą zejść w dół. Blomert był tuż obok, z dołu po prawej.

Kątem oka obserwowałem rosyjskie myśliwce, osłony ich kabin błyszczały w powietrzu, 870 kilometrów na godzinę – to zbyt szybko! Ostrożnie przejść do lotu horyzontalnego – gdzie są Rosjanie? Słońce znajduje się za moimi plecami. Będą w trudniejszej pozycji, ponieważ muszą wpatrywać się w oślepiającą kulę słoneczną, aby mnie dostrzec. Pochylić nieco głowę, żeby mieć świecący krąg celownika prosto przed prawym okiem. Palec wskazujący na dzwignię spustu znajdującą się po przedniej stronie drążka sterowego. Blomert trzyma się blisko.

Widzę ich przed sobą, czarne punkty na pancernej szybie przed moją twarzą. Wpadam prosto w ich kłębo-

circling below me, there could've been ten or twelve. All of them were flying around in the air making uncoordinated maneuvers, climbing and diving, making loops and barrels. All this was part of their standard tactics. There was some arrogance to it though. We are over Reich territory and were are all those famous German fighters? I wanted very much to stick some lead into one of them. However when they saw me they began to make even wilder evolutions, flying only a few meters along a straight line, which made an approach much more difficult. I had to disappear from their sight, fly a considerable distance away, then approach again at the same altitude to be able to cut straight through this whole circus. I'd have to react immediately, fire at whoever would be flying straight at the moment and carefully observe the others to avoid a crash.

Where was Blomert? I saw him far behind me, he obviously had trouble staying in formation with me. Could I risk going straight into this nest of wasps with him? This was a marginal thought however, the intent was precisely formulated, start a fight, go into battle, like hundreds of times before in this war. Slow down a bit. Turning left, go down in a shallow spiral. Blomert was right beside me, below me to the right.

With the corner of my eye I observed the Russian fighters, their cockpit covers glistening in the air, 870 kilometers per hour – that's too fast! Carefully go into horizontal flight – where are the Russians? The sun is right behind my back. They'll be in a more difficult position because they'd have to look straight into the blinding sun to see me. Bend my head a bit to have the illuminated sight ring in front of my right eye. Index finger on the trigger located on the front side of the joystick. Blomert is staying close. I see them in front of me, black spots on the armored glass before my face. I fall straight into their swarm of complicated figures and evasive maneuvers. I pass by one which zooms vertically up into the sky. I'm flying too fast! The one in front of me is making a sharp vertical right turn, its light blue bottom stands out against the violet sky. I feel a strong blow when I pass the streams of air behind his propellers. We are separated by no more than two, three meters. I choose the one which is just making a wide turn to the left. I lower my altitude. I approach from underneath, eye on the sight, I squeeze the trigger, the plane shudders, there's

wisko złożone z uników i figur wyższego pilotażu. Omijam jednego, który wystrzeliwuje świecą prosto w górę. Lecę zbyt szybko! Ten przede mną wykonuje ostry wiraż w prawo w pionie, pomalowany jasnobłękitną farbą spód samolotu odznacza się na fioletowym tle nieba. Inny skręca dosłownie przed nosem Messerschmitta. Czuję silne uderzenie w momencie, kiedy przelatuję poprzez jego strugi zaśmigłowe. Dzieli nas odległość nie większa niż dwa, trzy metry. Wybieram tego, który wykonuje właśnie łagodny zwrot w lewo. Obniżam pułap lotu. Podlatuję od spodu, oko na celowniku, naciskam spust, przez płatowiec przechodzi drżenie, głośny łoskot krótkiej serii działek. Pudło, końcówka jego ogona pozostaje daleko z tyłu. Chce mi się wyć, w ten sposób nie da się zestrzelić nikogo. Wszystko to przypominało polowanie w worku pełnym pcheł. Pojawiają się wątpliwości: Czy to rzeczywiście tak dobry myśliwiec? Gdzie był Blomert? Daleko z tyłu, z pewnością dwa tysiące metrów niżej, próbuje teraz podążać za mną. Co robię źle? Czy rzeczywiście można skutecznie zaatakować na Me 262 taki pułk wściekle manewrujących myśliwców? Jeszcze 25 minut lotu.

Musiałbym zaatakować pułk od spodu. Prędkość byłaby wtedy mniejsza, no i kto spodziewa się ataku od dołu? W przeciwnym wypadku można było zapomnieć o odniesieniu sukcesu. Zauważyli ten samolot, podobny do rekina, który przelatywał przez środek ich formacji nie wiedząc, iż bezskutecznie staram się znaleźć właściwą taktykę, żeby ich zestrzelić. Gdyby to tylko nie było aż tak trudne, tracić wysokość nie

a loud clatter of a short burst from the guns. Missed, the tip of his tail stays far behind. I feel like screaming, there's no way I can shoot anything down this way. It all resembled hunting in a sack of fleas. Doubts come up: Is this really such a good fighter? Where was Blomert? Far behind, he must be two thousand meters below, trying to follow me. What am I doing wrong? Is it really possible to effectively attack a group of wildly maneuvering fighters on a Me 262? I had 25 minutes of flight left.

I would have to attack the group from below. The speed would be smaller then, and who expects an attack from underneath? Otherwise I could forget winning any victories. They saw the shark-like plane passing through their formation without realizing that I'm unsuccessfully trying to find the right tactic to shoot them down. If only it weren't so difficult, losing altitude without gaining too much velocity. As the speed increases the pressure on the steering surfaces grows to a point where it takes a lot of physical strength to make a maneuver necessary to take a position for another attack. It was practically impossible that I would get any of them. They only knew they were threatened by a plane which was extremely fast, that's why they behaved like a swarm of wild bees. Although they also became more sure of themselves. They flew far inside German territory and had the Reich's capital in sight. German fighters appeared very rarely, they were occupied almost solely with

(via Autor)

Messerschmitt Me 262A-1a, WNr. 111 752, wyprodukowany przez wytwórnię Kuno II, zdobyty przez wojska brytyjskie w rejonie Ulm.

Messerschmitt Me 262A-1a, WNr. 111 752, built by Kuno II and captured by the British in the Ulm region.

Messerschmitt Me 262A-1a/U3 "biała 3" ze Stab/NAGr. 6 holowany przez Kettenkrada po powrocie z lotu bojowego.
Messerschmitt Me 262A-1a/U3 "white 3" from Stab/NAGr. 6 being towed by a Kettenkrad after completing a combat mission.

(via Autor)

nabierając przy tym zbyt dużej prędkości. Obciążenie na sterach rośnie wraz ze wzrostem prędkości do takiej wartości, iż potrzeba dużej siły fizycznej, aby wykonać manewr niezbędny do zajęcia pozycji dla wykonania kolejnego ataku. Właściwie nieprawdopodobnym było, że uda mi się dostać, któregoś z nich.

Oni wiedzieli tylko, iż zagrażał im samolot, który był fantastycznie szybki, dlatego też zachowywali się, jak rój dzikich pszczół. Jednak nabrali również wiele pewności siebie. Dotarli daleko w głąb Niemiec i lecieli mając w zasięgu wzroku stolicę Rzeszy. Niemieckie myśliwce pokazywały się bardzo rzadko, zajęte były prawie wyłącznie zwalczaniem strumieni bombowców nadlatujących z zachodu.

Wykonując szeroki zakręt przeleciałem nad Odrą kierując się na zachód i znajdując się na wysokości najwyżej tysiąca metrów. Musiałem zacząć nabierać wysokości, aby znaleźć się dokładnie w samym środku grupy rosyjskich myśliwców. Blomert trzyma się blisko.

Kiedy przesunąłem manetkę gazu do przodu i położyłem Messerschmitta na skrzydło, żeby zmienić kierunek lotu, zauważyłem cienie rosyjskich szturmowców pędzących wzdłuż szosy na zachód. Musiało ich być sześć, czy osiem. Pomimo maskującego malowania wyraźnie można było rozpoznać kontury samolotów. Strzelały z działek i zrzucały bomby. Był to dla nas opłacalny cel, a poza tym musieliśmy odciążyć nasze wojska naziemne.

– Blomert, na lewo, za mną...

Wyglądało, iż czyni wszystko, aby utrzymać się w szyku, podczas gdy ja wykonywałem ciasny zakręt równocześnie nurkując w dół. Była to jego pierwsza

fighting the streams of bombers coming from the west.

Making a wide turn I passed over the Oder heading west at an altitude of a thousand meters at most. I had to start gaining altitude to get into the center of group of Russian fighters. Blomert is staying close by.

When I pushed my throttle forward and put the Messerschmitt on its wing to change the direction of flight I noticed shadows of Russian fighters speeding west along the road. There must have been six or eight of them. Despite their camouflage colors their contours could easily be distinguished. They fired their guns and dropped bombs. This was a profitable target and besides, we had to make things easier for our ground troops.

– Blombert, to the left, follow me...

It seemed he was doing everything to stay in formation while I was making a sharp turn and diving at the same time. This was his first encounter with the enemy, he must've been thinking: God almighty, what is he doing? The fighters were dancing along the road firing their guns. Wehrmacht vehicles were moving underneath, mostly trucks which stopped or tried to escape to the side roads. Soldiers were running across the field and dropping to the ground, looking for shelter. A few clouds of black smoke marked the spots of successful hits. When I stuck my head forward to look through the sight I noticed I was going too fast again. While the trees and fields rapidly passed underneath me, the outline of the last fighter in the formation was quickly growing in my sight. The glowing center of the sight ring precisely pinpointed the fuselage, now just

potyczka z wrogiem, z pewnością myślał teraz: Na miłość Boską, cóż on wyczynia? Szturmowiki tańczyły wzdłuż drogi bijąc z działek. W dole poruszały się pojazdy Wehrmachtu, w większości ciężarówek, które zatrzymywały się lub starały zjechać na boczne drogi. Wojacy pędem biegli przez pole lub też rzucali się na ziemię szukając osłony. Kilka czarnych kłębów dymu znaczyło miejsca celnych trafień. Gdy wyciągnąłem głowę do przodu, aby spojrzeć poprzez celownik zauważyłem, iż znowu lecę zbyt szybko. Podczas gdy pode mną błyskawicznie przesuwały się drzewa i pola, zarys ostatniego w szyku szturmowca powiększał się niezwykle szybko w celowniku. Świecące wnętrze kręgu celownika ustawiło się dokładnie na kadłubie, teraz nacisnąć tylko dźwignię spustu i mocno pociągnąć drążek na siebie, żeby uniknąć kolizji. Seria była bardzo krótka.

Trafienia Szturmowika zauważyłem w momencie, kiedy nad nim przelatywałem, niemalże muskając spodnią częścią skrzydeł Messerschmitta czubki wysokich świerków.

Leciałem bardzo szybko, wschodni wiatr, porywisty przy ziemi, uderzał w samolot jak młotem. Starałem się, patrząc przez lewe ramię, obserwować Szturmowika czując jak siła odśrodkowa podczas wykonywania zwrotu wciska mnie w fotel. Samolot szturmowy zetknął się z ośnieżonym polem w odległości kilkuset metrów od ściany lasu, najpierw uderzył o ziemię śmigłem, a następnie ślizgał się na brzuchu przez pole wyrzucając w górę ogromne fontanny puszystego śniegu. Wreszcie stanął, a śnieg unoszony przez wiatr powoli opadł na niego zacierając wyraźne kontury samolotu. W tym samym momencie od płatowca oderwały się ciemne postacie, które wyskoczyły z kabiny na skrzydło, a następnie pobiegły przez głęboki śnieg w stronę pobliskiego lasu. Kiedy szerokim łukiem oddalałem się od wraku zauważyłem jak uciekający schowali się za ciemną ścianą lasu.

Blomert miał problem z dołączeniem do szyku i zameldował mi w drodze powrotnej, że kończy mu się paliwo. Dotarliśmy do Brandenburga na ostatnich resztkach benzyny.[39]

W dniu 25 marca 1945 roku jeden z pilotów JV 44 zestrzelił nad Peenemünde rozpoznawczego Mosquito MM285 z 544 dywizjonu RAF. Jego załoga Fl/Lt Stuart S. MacKay oraz Flying Officer A.S. Lobban dostała się do niewoli.

---

[39] Jurleit Manfred, op. cit. str. 94-106.

squeeze the trigger and pull the joystick to avoid collision. The burst was very short. I noticed the storm fighter's hits when I was passing over it, almost touching the tips of the tall spruces with the bottom part of the Messerschmitt's wings.

I was flying very fast and the eastern wind, very strong near the ground, was hitting the plane like a hammer. I tried to watch the storm fighter Sturmovik over my left arm, feeling the centrifugal force created during the turn pressing me into my seat. The fighter hit a snowy field a few hundred meters away from the forest, first touching the ground with its propeller and then sliding on its bottom across the field, throwing up fountains of fluffy snow. Finally it stopped and the snow carried by the wind slowly covered it making its contours more difficult to distinguish. At the same time dark silhouettes appeared on the plane, jumped from the cockpit to the wing and ran for the forest through the deep snow. When I was flying away from the wreck in a wide arc I saw them hide behind the dark wall of trees.

Blomert had some difficulty getting back in formation and reported on the way back that his fuel was running out. We reached Brandenburg on the last reserves of fuel.[39]

---

[39] Jurleit Manfred, op. cit. pp. 94-106.

(via Autor)

Demontaż zasobnika z filmami w Me 262A-1a/U3 „biała 3".

Removing the film canister from Me 262A-1a/U3 "white 3".

Na początku kwietnia 1945 roku zakończył się proces szkolenia i formowania JV 44. Z uwagi na zagrożenie ciągłymi nalotami jednostka przeniesiona została na lotnisko München-Riem. W dniu 3 kwietnia 1945 roku Ofw. Eduard Schallmoser podczas pościgu za samolotem typu P-38 Lightning źle ocenił prędkość zbliżania i staranował amerykańską maszynę. Niemiecki pilot uratował się na spadochronie, był to pierwszy, ale nie ostatni przypadek uzyskania zwycięstwa powietrznego taranem przez tego pilota. Wkrótce koledzy nadali mu przydomek „Turborammer" (turbinowy taran). Dwa dni później, 5 kwietnia 1945 roku, pięć Me 262 zaatakowało amerykańskie bombowce typu B17 zestrzeliwując dwa z nich. Wkrótce potem ich ofiarą padły jeszcze trzy bombowce B-24.

Dwa dni później JV 44 wystartował do kolejnej operacji. I tym razem w powietrzu znalazł się Obst. Johannes Steinhoff: *Około południa sytuacja się wyjaśniła: „Wielka formacja bombowa pod Frankfurtem nad Menem. Kurs wschodni" A więc są! Godzinę później Galland wydał rozkaz: Steinhoff, naprzód!*

On March 25th, 1945 one of the JV 44 pilots shot down a reconnaissance Mosquito MM285 of the 544th Sqn RAF over Peenemünde. Its crew, Fl/Lt Stuart S. MacKay and Flying Officer A.S. Lobban were taken prisoners.

The process of training and forming JV 44 ended at the beginning of April, 1945. Due to the constant threat of air raids the unit was moved to München-Riem airfield. On April 3rd, 1945 Ofw. Eduard Schallmoser was pursuing a P-38 Lightning, misjudged his approaching speed and rammed into the American plane. The German pilot saved himself by parachuting. This was the first but not the last case of this pilot winning an aerial victory by ramming into the enemy. His friends soon gave him the nickname "Turborammer". Two days later, on April 5th 1945, five Me 262s attacked American B17 bombers shooting down two of them. Soon afterwards they also shot down three B-24 bombers.

Two days later JV 44 took off for another operation. Once again Obst. Johannes Steinhoff participated in the mission: *Around noon the situa-*

Kolejne ujęcie z tej samej sekwencji, widoczny cienki żółty pas na kadłubie samolotu.
Another shot from the same series. The thin yellow stripe is visible on the fuselage.

Formacja nieprzyjacielska miała znajdować się dokładnie na północ od München, aż do Dunaju przestrzeń powietrzna była jednak pusta. Wówczas Fährmann zameldował przez radio: Uwaga na lewo od nas bardzo „gruby pies"![40]

Z zachodu nadlatywał potężny strumień bombowców w schodkowym szyku, na pułapie pomiędzy 6000 a 8000 metrów. Kiedy znaleźliśmy się na jego czele nie byliśmy w stanie dostrzec końca. Na przedzie leciały Liberatory, bombowce starszego typu, bardzo wrażliwe i z tego powodu usadowione na dogodnej do obrony pozycji w szyku. Za nimi Boeingi, przed którymi odczuwaliśmy spory respekt.

Kiedy znaleźliśmy się na końcu formacji zatoczyliśmy szeroki łuk i wówczas wydałem rozkaz „przygotować się"! A później ruszyliśmy w dół do ataku na ostatni pułk. Prędkościomierz wskazywał przeszło 900 km/h, gdy w locie horyzontalnym punkty znajdujące się przede mną zamieniły się w sylwetki samolotów, które rosły w celowniku z niewiarygodną prędkością. Seria z czterech działek do Fortecy lecącej po lewej zewnętrznej stronie szyku i już musiałem przyciągnąć do siebie drążek, aby nie uderzyć w jej statecznik. Patrząc do tyłu zobaczyłem czarny dym i płomienie wydobywające się z jej silników. Załatwiona!

W tej samej chwili zapaliła się środkowa maszyna, którą wziął na cel Fährmann. Nalot i zestrzelenie, wszystko to jest kwestią sekund! (...) Mustangi i Thunderbolty, które wiszą nad formacją bombową w przepisowym szyku, podejmują próbę zaatakowania nas od góry spadając ze wszystkich stron w dół. Sprawia to nieco groteskowe wrażenie, mamy nad nimi przewagę prędkości 400 do 500 km, wyglądają przy nas jak nieruchome baloniki zawieszone w powietrzu. W ogromnym pędzie przebijamy się przez strumień bombowców. Nie wiem nawet ile zestrzeleń zaliczyliśmy. Tempo było zbyt szybkie. Podczas drugiego ataku zacina mi się broń pokładowa, tymczasem Fährmann zestrzeliwuje jeszcze jednego Boeinga. Wyprowadzając maszynę po ataku krzyczy do mikrofonu: Moja prawa turbina stanęła!

Fährmann leci coraz wolniej i wolniej, powtarza wołanie o pomoc: Moja lewa turbina również odmawia posłuszeństwa! Już zbliża się do niego pościg złożony ze sfory Thunderboltów. Kiedy zakręcam w jego stronę, aby przyjść mu z pomocą, również moja prawa turbina przestaje pracować. Teraz muszę już tylko pomyśleć o sobie i biorę kurs na München-Riem.

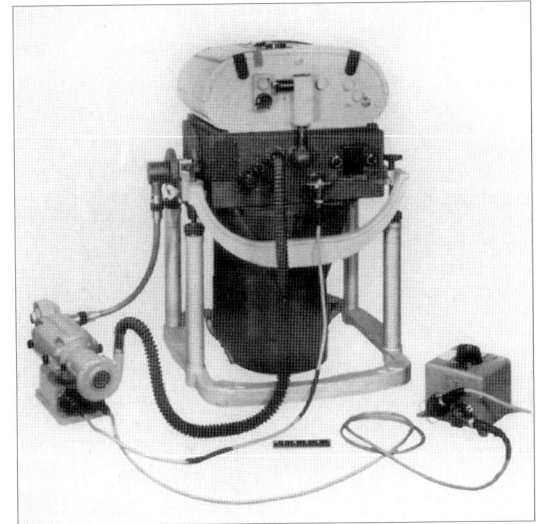

(via Autor)

Kamera typu Rb 50/30 stosowana w samolocie Me 262A-1a/U3.
A Rb 50/30 camera used in the Me 262A-1a/U3.

tion became clear: "A large bomber formation near Frankfurt am Main. Course east." So here they are! An hour later Galland gave the orders: Steinhoff, go!

The enemy formation was supposed to be located exactly north of Munich, but the airspace up to the Danube was empty. Then Fährmann reported on the radio: Watch out to the left, a very "fat dog"![40]

A large stream of bombers was approaching from the west in stair-step formation at an altitude between 6000 and 8000 meters. When we were at its front we couldn't see the other end. There were Liberators in the front, an older type of bombers which were very sensitive and so placed in a suitable defending position in the formation. Behind them came Boeings, for which we had a lot of respect.

When we arrived at the end of the formation we made a wide circle and I gave the order "prepare yourselves!" Then we went down to attack the last group. The tachometer indicated over 900 km/h when in horizontal flight the spots in front of me transformed into plane silhouettes which grew in my sight at unbelievable speed. A volley fired from four guns to the Fortress flying on the outer left side of the formation and I had to pull the joystick toward me to avoid hitting its tail. Looking back I saw black smoke and flames coming out of its engines. Hit!

---

[40] Dicker Hund – w żargonie Luftwaffe duża formacja.

[40] Dicker Hund – in Luftwaffe jargon a large formation.

Po kilku minutach jestem nad lotniskiem. Wcześniej zameldowałem kontroli lotów o zmniejszonej wartości bojowej mojego samolotu.

– W miarę możliwości nie lądować w Riem – otrzymuję odpowiedź z ziemi – nad lotniskiem kręcą się Mustangi.

Ponieważ dysponuję jeszcze dostatecznie dużym zapasem paliwa chcę przekonać się najpierw, czy rzeczywiście grozi mi tam aż tak duże niebezpieczeństwo. Wtem w dole błyszczą gładko wypolerowane płaty czterech Mustangów, które w równym szyku przelatują nad lotniskiem.

Szybko zdecydowałem się na wykorzystanie nadarzającej się okazji nawet, jeżeli miałbym to zrobić na jednym silniku. Żaden z pilotów Mustangów nie zauważył, jak się zbliżałem. Tylko jedno moje działko wystrzeliło, ale to wystarczyło, żeby oderwać Mustangowi pół skrzydła. Pozostałe trzy, w pośpiechu, odrzuciły zapasowe zbiorniki i zniknęły w oddali. Po moim lądowaniu zadzwonił Fährmann, który wylądował na spadochronie nad Dunajem.[41]

W dniu 9 kwietnia 1945 roku amerykańskie bombowce typu B-17 zaatakowały lotnisko Mün-

[41] Ibidem, op. cit. str. 109-110.

At the same time the middle plane caught fire, hit by Fährmann. The approach and hit, all this within seconds! (...) Mustangs and Thunderbolts hanging above the bombers in regulation formation attempt to attack us from above, dropping down from all sides. This makes quite a grotesque impression, we have a velocity advantage of 400 to 500 km, compared to us they resemble immobile balloons hanging in the air. With great momentum we break through the stream of bombers. I don't even know how many we shot down. The speed was too fast. During the second attack my deck guns jam, meanwhile Fährmann shoots down another Boeing. Leveling his plane after the attack he shouts to the microphone: My right turbine has stopped! Fährmann is going slower and slower, he repeats his plea for help: My left turbine is also jamming! A pursuit consisting of a pack of Thunderbolts is already approaching him. When I turn in his direction to come to his aid, my right turbine also stops working. Now I have to think of myself and fly in the direction of München-Riem.

After a few minutes I am over the airfield. I've already reported my plane's lower combat value to flight control.

(via Autor)

Messerschmitt Me 262A-1a/U3, „białe 26" z 2./NAGr. 6 na lotnisku Lechfeld po wojnie. Na pierwszym planie Me 262A-1b, WNr. 170 078 z silnikami BMW 003A.

Messerschmitt Me 262A-1a/U3 "white 26" from 2./NAGr. 6 at Lechfeld airfield after the war. Foreground: Me 262A-1b, WNr. 170 078 with BMW 003A engines.

chen-Riem niszcząc pasy startowe i pole wzlotów oraz uszkadzając sześć myśliwców Me 262. Następnego dnia lotnisko zaatakowane zostało przez myśliwce Mustang, które w locie koszącym ostrzelały zaparkowane na jego skraju samoloty niszcząc trzy odrzutowce, a uszkadzając trzy kolejne. JV 44 musiał zawiesić na sześć dni wykonywanie jakichkolwiek lotów bojowych. Dopiero 16 kwietnia 1945 roku piloci jednostki asów ponownie znaleźli się w powietrzu. Jak wspomina Adolf Galland: *W międzyczasie udało nam się zwalczyć wszystkie przeciwności oraz problemy i ponownie wejść do akcji. Mogliśmy jednakże wysyłać w powietrze tylko maleńkie formacje. Natychmiast po wylądowaniu samoloty trzeba było odholować jak najdalej od pola wzlotów w pobliże okolicznych wiosek i tam dobrze zamaskować. Holowanie odrzutowców z powrotem na lotnisko i ich start były coraz trudniejsze do przeprowadzenia, ich powodzenie było wyłącznie kwestią szczęścia. Alarmy lotnicze następowały jeden po drugim…*

W ciągu tych ostatnich tygodni wojny mogliśmy wyposażyć nasze samoloty w dodatkowe uzbrojenie, które dawało Me 262 jeszcze większą siłę ognia, były to rakiety R4M kalibru 5 cm z ładunkiem 500 gr. materiału wybuchowego w głowicy. Jedno trafienie takim pociskiem zwalało na ziemię czterosilnikowy bombowiec. Rakiety w łącznej liczbie 24 sztuk zawieszano na dwóch podskrzydłowych wyrzutnikach szynowych. Dzięki gorączkowej pracy naszych mechaników i zbrojmistrzów udało nam się przygotować kilka odrzutowców do wystrzeliwania rakiet. Po zakończeniu montażu wzbiłem się w powietrze za sterami jednego z nich.

W okolicy Landsbergu nad rzeką Lech napotkałem formację około 16 Marauderów. „Półciężkie", jak nazywaliśmy średnie, dwusilnikowe bombowce tego typu. Podczas ataku z odległości około 600 metrów, w czasie około pół sekundy, wystrzeliłem salwę ze wszystkich 24 rakiet skierowaną prosto w ciasny szyk nieprzyjacielskiej formacji. Zauważyłem dwa bezpośrednie trafienia. Jeden bombowiec od razu stanął w płomieniach i eksplodował po kilku sekundach, drugi stracił większą część prawego statecznika poziomego oraz prawego skrzydła i natychmiast wpadł w korkociąg. W międzyczasie skuteczny atak przeprowadziły również trzy pozostałe maszyny, które wystartowały razem ze mną. Mój boczny pilot, Eduard Schallmoser, który nad Riem staranował już jednego Lightninga, ponieważ z podniecenia nie udało mu się uruchomić spustu broni pokładowej, tym razem strze-

(via Autor)

Messerschmitt Me 262A-1a/U3, WNr. 500 863 (?), „białe 29" z 2./NAGr. 6 na lotnisku Leiphaim wkrótce po zakończeniu wojny.

Messerschmitt Me 262A-1a/U3, WNr. 500 863 (?), "white 29" from 2./NAGr. 6 at Leiphaim airfield shortly after the war's end.

– If possible don't land in Riem – comes the answer from the ground – there are Mustangs circling over the airfield.

Since I have a sufficient amount of fuel I want to see for myself if the danger is really that big. Suddenly I see the shining, polished wings of four Mustangs passing in formation over the airfield below me. I quickly decided to take advantage of the situation even if I had to do it on one engine. None of the Mustang pilots saw me approach. Only one of my guns fired, but that was enough to rip half a wing off one of the Mustangs. The other three jettisoned their tanks in a hurry and disappeared in the distance. After I landed Fährmann called, he had landed on parachute by the Danube.[41]

On April 9th, 1945 American B-17 bombers attacked München-Riem airfield destroying the runways and maneuvering area and damaging six Me 262 fighters. The following day the airfield was attacked by sweeping Mustang fighters which strafed the planes parked on its verge destroying three jets and damaging three others. JV 44 had to postpone all combat flights for six days. Only on April 16th, 1945 did the ace unit's pilots climb back into the air. Adolf Galland recalls: *In the mean-*

---

[41] Ibidem, op. cit. pp. 109-110.

lając ze wszystkich luf zderzył się z atakowanym przez siebie Marauderem. Wieczorem wrócił do naszej kwatery ze skręconą nogą i spadochronem pod pachą.⁴²

W dniu 18 kwietnia 1945 roku podczas startu do kolejnej operacji rozbił się samolot, który pilotował Obst. Johannes Steinhoff: *W dniu 18 kwietnia 1945 roku staliśmy w sześć odrzutowców na pasie startowym. Była idealna pogoda na polowanie w powietrzu. Już od godziny siedzieliśmy przypięci pasami w kabinach naszych maszyn, podczas gdy dowództwo nie mogło zdecydować się, którą z licznych, nadlatujących formacji mamy przechwycić, wreszcie Galland, który nami dowodził, stracił cierpliwość. Turbiny zostały włączone i poprzez unoszące się w górę tumany kurzu widziałem startujące przede mną maszyny.*

Po chwili przesunąłem manetkę gazu na maksymalny ciąg i rozpocząłem startować. Przeładowany odrzutowiec strasznie wolno zaczął toczyć się po trawie. Dodatkowym obciążeniem były rakiety pod skrzydłami i wypełnione po brzegi zbiorniki paliwa.

Nalot przeprowadzony poprzedniego dnia pozostawił na polu wzlotów głębokie blizny. Koła toczące się przez doraźnie zasypane leje po bombach zwalniały biegu, co wydłużało rozbieg. Gdy w końcu silniki nabrały pełnej mocy, a wskazówka prędkościomierza zbliżyła się do 200 km/h, pokonałem już dwie trzecie pasa startowego. Naraz lewe skrzydło zaczęło pochylać się w stronę ziemi. Maszyna zaczęła skręcać. Goleń podwozia głównego była złamana, jak dobrze pójdzie to skończyć się to może tylko rozbiciem maszyny.

Zszedłem z linii startu. Prędkość przestała rosnąć, nie wystarczała, aby wznieść się w powietrze. Droga biegnąca skrajem lotniska przybliża się szybko. Nie da się już uniknąć wypadku. A do tego jeszcze ten cały ładunek! Uświadomiłem to sobie w ułamku sekundy, ale siedząc w kabinie nie mogłem już odmienić swojego losu, który zaraz się rozstrzygnie! Dojeżdżam już do drogi, która okala lotnisko. Maszyna uderza w skarpę, wyskakuje na 50 metrów w powietrze, aby potem wbić się z głośnym hukiem w pole rozciągające się po drugiej stronie szosy. Koniec!

Siedzę pośród płomieni, które na zawsze pozostawiły blizny na moim ciele. Jeszcze do dzisiaj, czasami wydaje mi się, iż słyszę odgłos buzujących płomieni. Pamiętam tylko to, że zdawało mi się, iż patrzę na wszystko przez różowo czerwone okulary,

time we managed to fight all adversities and problems and return to action. We could only send tiny formations into the air however. Immediately after landing the planes had to be towed as far as possible from the maneuvering area near the surrounding villages and properly masked. Towing jets back to the airfield and their take off were increasingly difficult to carry out, their success was only a matter of luck. Air-raid warnings were sounded one after another…

During these last weeks of the war we could equip our planes with additional armament, giving the Me 262 even more firepower – it consisted of R4M missiles with a caliber of 5 cm and 500 gr. of explosives in the shell head. One hit with such a missile sent a four-engine bomber plunging to the ground. 24 of these missiles were attached to two rail extractors mounted under the wings. Thanks to the feverish work of our weapons mechanics we managed to prepare a few jets to allow them to fire these missiles. After they were mounted I took off into the air behind the steering panel of one of them.

*Near Landsberg by the river Lech I encountered a formation of some 16 Marauders. "Middle-weight", as we called these medium sized double engine bombers. In an attack from 600 meters which lasted half a second I fired a salvo of all 24 missiles straight at the tight enemy formation. I saw two direct hits. One of the bombers was immediately engulfed by flames and exploded after a few seconds and the other one lost most of its right tail plane and right wing and immediately went into a tail spin. Meanwhile three planes which took off with me also attacked the enemy. My wingman Eduard Schallmoser, who had already rammed into one Lightning over Riem when he couldn't activate his trigger from the excitement, this time crashed into a Marauder while firing at it from all of his guns. In the evening he returned to our quarters with a sprained leg and his parachute under his arm.*⁴²

On April 18th, 1945 a plane piloted by Obst. Johannes Steinhoff crashed during take-off for another operation: *On April 18th, 1945 six of us were standing on the runway in our jets. The weather was perfect for an air hunt. We had been sitting in our cockpits already for an hour, seatbelts strapped, while command couldn't make up their minds which of the numerous approaching formations we were to*

---

⁴² Galland Adolf: Die Letzten, Weltluftfahrt, Coburg, Heft 3/1956.

⁴² Galland Adolf: Die Letzten, Weltluftfahrt, Coburg, Heft 3/1956.

siedząc zaklinowany w kabinie odrzutowca i instynktownie krzycząc do samego siebie: uciekaj, uciekaj!

W jaki sposób wydostałem się na zewnątrz, nie wiem. Jak szalony odbiegłem od maszyny wiedząc, iż w każdej chwili wyleci w powietrze cała przenoszona przez nią amunicja. Usłyszałem jeszcze tylko eksplozję, a dalej nic już nie pamiętam.[43]

Dnia 23 kwietnia 1945 roku III./EJG 2 przebazowana została z Lechfeld na lotnisko München-Riem, gdzie weszła w skład JV 44. Podniosło to stan personelu latającego jednostki do 44 pilotów, wśród nich znalazł się również kolejny as Luftwaffe, Maj. Heinz Bär. Następnego dnia jednostka poniosła ciężką stratę, podczas akcji bojowej zginął Obst. Günther „Franzl" Lützow, jeden z największych asów Jagdwaffe, który zestrzelił 110 samolotów nieprzyjacielskich, w tym dwa pilotując Me 262. Dnia 25 kwietnia 1944 roku Uffz. Köster zapisał na swoje konto zestrzelenie dwóch Mustangów.

W dniu 26 kwietnia 1945 roku dowódca JV 44 Adolf Galland wystartował do swojego ostatniego lotu podczas drugiej wojny światowej: *Leciałem na czele sześciu odrzutowców należących do JV 44, kierując się przeciwko formacji Marauderów.*

---

[43] Jurleit Manfred, op. cit. str. 111-112.

intercept. Finally Galland, who was our commander, lost his patience. The turbines were turned on and through the clouds of dust I saw the planes in front of me take off. After a while I pushed my throttle to maximum and began to take off. The overloaded jet very slowly began to roll along the grass. The missiles mounted under the wings and fuel tanks filled to the brim were an additional burden.

A raid carried out on the previous day left deep scars cutting the maneuvering area. Wheels rolling across the temporarily filled bomb craters slowed down, this made the take-off run longer. When the engines finally reached full power and the tachometer's indicator almost reached 200 km/h I had already crossed two thirds of the runway. Suddenly the left wing began to tilt to the ground. The plane began to turn. The main undercarriage shank was broken, this would end in the plane's crash at best.

I got out of the runway. My speed stopped growing, it wasn't sufficient for the plane to take off into the air. The road on the edge of the airfield is quickly coming closer. An accident is now unavoidable. And all this load! I realized this in a flash but I couldn't do anything sitting in the cockpit, my fate would soon be settled! I'm approaching the road around the airfield. The plane hits an escarpment, jumps 50 meters

(via Autor)

Messerschmitt Me 262A-1a/U3, WNr. 500 539, "białe 33" ze Stab/NAGr 6 na lotnisku Lechfeld.
Messerschmitt Me 262A-1a/U3, WNr. 500 539, "white 33" from Stab/NAGr. 6 at Lechfeld airfield.

Nasze własne, niewielkie stanowisko naprowadzania doskonale podprowadziło nas w pobliże przeciwnika. Pogoda: pojedyncze warstwy chmur na różnych wysokościach, pomiędzy nimi zmienna widoczność, widok na ziemię najwyżej w 3/10 obszaru operacyjnego.

Formację nieprzyjaciela zauważyłem w pobliżu Neuburg nad Dunajem. Po raz kolejny mogłem stwierdzić, jak trudno przy tak dużej różnicy prędkości i bez możliwości kontrolowania położenia, według zakrytych przez chmury punktów orientacyjnych, ustalić optymalną trasę przelotu pomiędzy własnym ugrupowaniem, a formacją nieprzyjacielską, aby zaatakować ją z najbardziej optymalnego kierunku. Lützow prawie załamał się w obliczu tego problemu. Wielokrotnie rozmawiał ze mną na ten temat. I za każdym razem, gdy atak nie powiódł mu się tak jak zamierzał, oskarżał samego siebie (on jeden z najlepszych dowódców pułków myśliwskich!) o brak umiejętności pilota myśliwskiego. Jeżeli potrzebny byłby jeszcze jakiś dowód na bezsens użycia pilotów bombowców, jako pilotów myśliwców odrzutowych Me 262, to nasze doświadczenia potwierdzały to w całej pełni.

into the air only to loudly crash into a field on the other side of the road. It's the end!

I'm sitting among flames which leave permanent scars on my body. Even today, I sometimes think I can hear the sound of raging flames. I only remember that I thought I saw everything through pink-red eyeglasses, sitting stuck in the jet's cockpit and instinctively shouting to myself: run, run!

I have no idea how I got outside. I frantically ran away from the plane, knowing that the ammunition it carried would explode any second. I heard an explosion and that's all I remember.[43]

On April 23rd, 1945 the III./EJG 2 was moved from Lechfeld to the München-Riem airfield where it became part of JV 44. This raised the number of the unit's pilots to 44, among which was another Luftwaffe ace Maj. Heinz Bär. On the next day the unit suffered a heavy loss, Obst. Günther "Franzl" Lützow was killed during combat action. He had been one of Jagdwaffe's greatest aces and

---

[43] Jurleit Manfred, op. cit. pp. 111-112.

(via Autor)

Ten sam samolot widoczny od przodu, wyraźnie widoczne plamki w kolorze RLM 76 Lichtblau na górnych częściach płatowca. Po prawej Me 262 V9, WNr. 130 004, VI+AD.
The same plane seen from the front. The patches, painted with RLM 76 Lichtblau on upper surfaces are clearly visible. To the right is Me 262 V9, WNr. 130 004, VI+AD.

(via Autor)

Jeszcze jedno zdjęcie tego samego samolotu, tym razem z lewej burty.
One more view of the same plane.

Teraz nie było już jednak czasu na snucie takich rozważań. Lecieliśmy niemalże kursem przeciwnym do zgrupowania Marauderów. Każda sekunda oznaczała zmniejszenie dzielącej nas odległości o kolejne 300 metrów. Nie chciałbym przekonywać, iż ta akcja udała mi się idealnie, ale wyprowadziłem swoją formację na relatywnie dobrą pozycję do otwarcia ognia. Odbezpieczyć spusty broni pokładowej i rakiet! Już z dużej odległości przywitał nas zmasowany ogień obronny. Tak jak podczas każdej walki powietrznej byłem wewnętrznie spięty do granic możliwości i bardzo podniecony, z tego wszystkiego zapomniałem odbezpieczyć drugi przełącznik odpalania rakiet. Dlatego też nie mogłem ich odpalić. Sytuacja, w której z metrową dokładnością wychodzi się na doskonałą pozycję strzelecką, następnie naciska na spust i nic się nie dzieje, musi rozgniewać pilota myśliwskiego bez względu na jego stopień. Bądź, co bądź podczas tego ataku wystrzeliły jednak moje cztery 3 cm działka, które dysponowały większą siłą ognia, aniżeli ta, do której byliśmy przyzwyczajeni. W tym momencie o włos od dołu ominął mnie Schallmoser, „odrzutowy taran", który podczas taranowania nie zawsze potrafił odróżnić wroga od przyjaciela.

Wykonanie lekkiego uniku kosztowało mnie zaledwie ułamki sekund, ale okazały się one bardzo istotne. Jeden z Marauderów, który płonąc leciał w składzie ostatniego klucza, eksplodował. Teraz zaatakowałem drugi bombowiec wchodzący w skład

shot down 110 enemy planes, including two on a Me 262. On April 25th, 1944 Uffz. Köster raised his victory count by two destroyed Mustangs.

On April 26th, 1945 JV 44's commander Adolf Galland took off for his last flight during World War II: *I was leading six jets of JV 44 against a formation of Marauders. Our own small guiding post did a great job leading us near the enemy. The weather: single layers of clouds at various altitudes, variable visibility between them, ground visible from no more than 3/10 of the area of operation.*

I saw the enemy formation near Neuburg by the Danube. Once again I saw how difficult it is to set an optimal path of flight of your formation to the enemy to attack it from the best possible direction when the speed difference is so high and with no possibility of determining your position according to orientation points hidden by the clouds. Lützow almost broke down when facing this problem. He frequently talked to me about it. And every time the attack didn't go as planned he accused himself (him, one of the best fighter group commanders!) of having no skill as a fighter pilot. If any more proof was needed that it was absurd to use bomber pilots as Me 262 fighter pilots then our experience absolutely confirmed this fact.

There was no time to think about this now though. We were flying from almost directly the op-

zgrupowania lecącego na czele formacji. Kiedy w najbliższej odległości przelatywałem koło niego był bardzo mocno uszkodzony. Podczas tego przelotu zaliczyłem kilka niegroźnych trafień od ognia obronnego. Koniecznie chciałem dowiedzieć się, co stało się z drugim ostrzelanym przeze mnie bombowcem. Nie byłem pewien, czy spadnie na ziemię. Nigdzie jeszcze nie widziałem myśliwców eskorty.

Wykonując ostry zwrot w lewo przelatywałem nad zaatakowaną przeze mnie wcześniej formacją, gdy wpadłem pod prawdziwy grad pocisków. Zaskoczył mnie spadający z góry Mustang. Potężne uderzenie trafiło mnie w lewe kolano. Tablica przyrządów ze wszystkimi tak ważnymi instrumentami rozleciała się w drzazgi. Kolejny celny pocisk uderzył w prawą turbinę. Blachy pokrywające gondolę silnika częściowo odpadły zerwane pędem powietrza. Również prawa turbina została trafiona. Samolot ledwie utrzymywał się w powietrzu.

Znalazłszy się w tak przykrym położeniu miałem tylko jedno życzenie: opuścić tego grata, który prawdopodobnie nadaje się tylko do tego, aby spaść ze mną na ziemię. Po chwili jednak sparaliżował mnie strach, że zostanę rozstrzelany w powietrzu, kiedy zawisnę pod czaszą spadochronu. My, piloci samolotów odrzutowych, na podstawie smutnych doświadczeń musieliśmy liczyć się z taką ewentualnością. Wkrótce stwierdziłem, iż mój postrzelany Me 262 ponownie odzyskuje sterowność. Po przebiciu chmur pojawiła się w dole nitka

posite direction than the Marauders. Every second brought us 300 meters closer. I wouldn't want to claim that I carried out this mission perfectly, but I brought my formation to a relatively good firing position. Release the trigger and missile locks! Dense defensive fire greeted us from quite far away. Just like during every other aerial battle I was extremely tense and very excited and in this excitement I forgot to release my second missile lock. So I couldn't fire my missiles. A situation in which you get a perfect firing position with up to a meter precision and then when you press the trigger nothing happens must make any fighter pilot angry regardless of rank. Anyway, four of my 3 cm guns did fire during this attack and they had more firepower than we were used to. At the same moment Schallmoser, the "jet ram", who didn't always correctly distinguish if he was ramming friend or foe, passed underneath within an inch of me. The evasion cost me only a fraction of a second but it proved very significant. One of the Marauders which was flaming in the last section exploded. I now attacked a second bomber belonging to a group flying in the front of the formation. When I was passing very near it, it was very badly damaged. During this pass I was slightly hit a few times by AA fire. I wanted to find out what happened to the second bomber I hit. I wasn't sure if it would drop to the ground. I still didn't see escorting fighters anywhere.

(via Autor)

Interesujące zdjęcie Me 262A-1a/U3 „białe 34" z 2./NAGr. 6. uwagę zwraca przednia część kadłuba pochodząca ze standardowej wersji myśliwskiej.
An interesting photograph of Me 262A-1a/U3 "white 34" from 2./NAGr. 6 with the forward fuselage section froma standard fighter version.

(via Autor)

Ten sam samolot widoczny od drugiej burty.
The same plane from the other side.

autostrady, przede mną znajdowało się Monachium, a po lewej Riem. Po kilku minutach znalazłem się nad lotniskiem. Odzyskawszy zwykłą pewność siebie, zgodnie ze starym zwyczajem myśliwców, pokiwałem skrzydłami i rozpocząłem podchodzić do lądowania. Na dole było dziwnie cicho i spokojnie. Jeden z silników w ogóle nie reagował na ruchy manetką gazu. Nie mogłem zredukować obrotów. Tuż przed skrajem lotniska musiałem wyłączyć obydwa silniki. Za mną ciągnęła się długa smuga dymu. W tym momencie dostrzegłem, że nasze lotnisko obrabiane jest właśnie przez atakujące w locie koszącym Thunderbolty. Nie było wyboru. Ostrzeżeń kontroli naziemnej nie mogłem usłyszeć, ponieważ radiostacja wraz z całą instalacją elektryczną została uszkodzona w wyniku celnego ostrzału Mustanga. Nie pozostało mi już nic innego, jak tylko brnąć w to dalej. Podczas przyziemienia zrozumiałem, iż również opona przedniego koła mojej maszyny była przestrzelona. Podczas dobiegu rzucało samolotem na wszystkie strony, a ja starałem się utrzymać na wąskim pasie poruszając się z prędkością 240 km/h. Hamulce! Zanim maszyna się zatrzymała zdążyłem już wyskoczyć i zniknąć w najbliższym leju po bombie, których nie brakowało na naszym lotnisku.

Wokół mnie detonowały bomby i rakiety, w powietrzu gwizdały i trzaskały serie z broni pokładowej Thunderboltów. Kolejny atak w locie koszącym. Z naj-

Making a sharp left turn I was passing over the formation I had previously attacked when I was assailed by a hail of shells. I was surprised by a Mustang dropping down on me from above. I felt something hit my left knee. The instrument panel with all its important instruments shattered to bits. Another well-aimed shell hit the right turbine. The metal sheets covering the engine nacelle were partially torn off by the rushing air. The right turbine was also hit. The plane could barely stay in the air. In this sorry position I had only one wish – to leave this wreck, which was now probably only fit to plunge to the ground with me. After a while though I was paralyzed by fear that I would be shot in the air, hanging under the canopy of a parachute. Us jet fighters had to take this possibility into consideration, what with the sad experience we had. I soon realized that my Me 262 was slowly regaining steerability. After cutting through the clouds I saw the thread of a highway below me, Munich in front and Riem to the left. After a few minutes I was over the airfield. Regaining my usual self assurance, I waved my wings in accordance with the old fighter custom and began to land. Things were strangely calm and peaceful below me. One of the engines didn't react to the throttle movements at all. I couldn't reduce its power. Just before reaching the airfield I had to turn off both engines. There was a long trail of smoke behind

szybszego myśliwca świata został tylko krater powstały po wybuchu celnej bomby. Czuję się okropnie bezradny i opuszczony. Wtem poprzez morze eksplozji pędzi Kettenkrad. Ostro hamuje tuż koło mnie. To mój mechanik. Natychmiast siadam za nim. Zawraca i najkrótszą drogą na pełnym gazie opuszcza teren lotniska. Bez słowa poklepałem go po ramieniu. Wszystko, co chciałem przekazać tym gestem, zrozumiał lepiej niż mogłyby wyrazić to wszystkie slogany o solidarności pomiędzy personelem latającym i naziemnym.

Pozostali piloci biorący udział w tej akcji skierowani zostali na sąsiednie lotniska, albo też zjawili się w Riem tuż po zakończeniu nalotu. Jeden z nich przywiózł ze sobą Mustanga siedzącego mu na ogonie w niebezpiecznej pozycji. Me 262 podchodził do lądowania z wysuniętym podwoziem i klapami, a o sto metrów za nim nadlatywał Mustang strzelając ze wszystkich luf. Kilka tygodni później rozmawiałem z pilotem tego Mustanga. Był to znany dowódca jednej z amerykańskich jednostek myśliwskich. Musiałem pozbawić go radości z domniemanego zwycięstwa powietrznego, co uczyniłem z satysfakcją. Pilotem zapisanego na amerykańskich listach zestrzeleń Me 262 był młody Leutnant Neumann. Obecnie mieszka w odległości 40 minut ode mnie w Buenos Aires. Wówczas udało mu się cało i zdrowo wylądować na postrzelanym jak sito odrzutowcem.

Zameldowaliśmy uzyskanie pięciu pewnych zestrzeleń bez strat własnych. Wkrótce po zakończeniu wojny byłem szczegółowo wypytywany o przebieg tej operacji. Dowiedziałem się przy tej okazji, iż odnie-

me. At this moment I noticed that our airfield is just being strafed by sweeping Thunderbolts. There was no choice. I couldn't have heard the warnings of ground control because the radio and the whole wiring were damaged by the Mustang's fire. There was nothing left for me to do but continue. When I was touching the ground I understood that my plane's front tire had also been hit. The plane was being thrown around in all directions and I tried to stay on the narrow runway while moving at a speed of 240 km/h. Brakes! Before the plane stopped I managed to jump out and disappear in the nearest bomb crater, there were plenty of them all over the airfield.

Bombs and missiles were exploding around me and the Thunderbolts' deck guns were whistling and cracking in the air. Another sweeping attack. All that was left of the fastest fighter in the world was a crater after a well-placed bomb. I feel terribly helpless and alone. Suddenly I see Kettenkrad speeding among the ocean of explosions. He halts rapidly next to me. It's my mechanic. I immediately sit behind him. He turns around and leaves the area of the airfield along the shortest route, at full speed. I patted his shoulder without a word. He understood everything I wanted to convey with this gesture better than could be expressed by all the slogans about solidarity between ground and air personnel.

Other pilots participating in this mission were either directed to other airfields or arrived in Riem after the raid had ended. One of them brought

(via Autor)

Zdobyte przez Aliantów Messerschmitty Me 262 na lotnisku Lechfeld w czerwcu 1945 roku. Na pierwszym planie Me 262B-1a.
Messerschmitt Me 262s captured by the Allies at Lechfeld airfield in June, 1945. Foreground: A Me 262B-1a.

(via Autor)
Dwumiejscowy samolot szkolny Me 262B-1a po przybyciu na lotnisko Melun we Francji, lipiec 1945 roku.
A two-seat Me 262B-1a trainer captured at Melun airfield in France, July, 1945.

śliśmy jeszcze większy sukces, nie podano mi jednak dokładnych liczb. Nie chciano mi wierzyć, iż w tym ataku uczestniczyło nie więcej niż sześć Me 262.[44]

Samolot Gallanda celnie ostrzelał nie pilot Mustanga, a Thunderbolta. Był nim Lieutenant James Finnegan z 50th Fighter Group: *Widziałem dwa Me 262, które niespodziewanie wyskoczyły nie wiadomo skąd i dosłownie zmiotły z nieba dwa bombowce. Zaraz potem zauważyłem jednego Me 262 lecącego poniżej mnie przeciwnym kursem. Położyłem maszynę na plecy, silnie przyciągnąłem drążek i momentalnie uchwyciłem maszynę nieprzyjacielską w celowniku. Wystrzeliłem dwie krótkie serie, nie mogłem jednak zaobserwować czy trafiłem, ponieważ aby ustalić większą poprawkę zbyt wysoko zadarłem w górę nos mojej maszyny. Dopiero, kiedy ponownie opuściłem nos w dół zauważyłem latające w powietrzu drobne części płatowca pochodzące prawdopodobnie z osłony silnika nieprzyjacielskiego samolotu. Poza tym zauważyłem smugę dymu wydobywającą się ze skrzydła.*[45]

W związku z ranami odniesionymi przez Gallanda dowództwo JV 44 objął jeszcze tego samego dnia Obstlt. Heinz Bär. Według raportu kwatermistrzostwa tego dnia na stanie jednostki znajdowało się 31 samolotów Me 262, z tego jednak tylko 9 było sprawnych.

a Mustang with him, sitting at his tail at a dangerous position. The Me 262 was beginning to land with lowered landing gear and flaps and a hundred meters behind him the Mustang was coming, shooting from all guns. A few weeks later I talked to the pilot of this Mustang. He was a known commander of one of the American fighter units. I had to deprive him of his joy of a supposed victory, which I did with satisfaction. The pilot of the Me 262 listed on American victory charts was young Leutnant Neumann. He currently lives 40 minutes away from me in Buenos Aires. He then managed to safely land in the bullet-torn jet.

We claimed five certain victories with no own losses. Soon after the end of the war I was questioned in detail about the course of this operation. I found out on this occasion that we were even more successful, but no numbers were given. I wasn't believed that only six Me 262s participated in the attack.[44]

Galland's plane was hit not by a Mustang but by a Thunderbolt. Its pilot was Lieutenant James Finnegan from the 50th Fighter Group: *I saw two Me 262s which unexpectedly came out of nowhere and literally swept two bombers off the sky. Soon afterwards I saw a single Me 262 flying below me in the opposite direction. I put the plane on its back, strongly pulled the joystick and immediately placed the enemy*

---

[44] Galland Adolf: Die Letzten, Weltluftfahrt, Coburg, Heft 3/1956.
[45] Ethell J. i Price A., op. cit. str. 70.

[44] Galland Adolf: Die Letzten, Weltluftfahrt, Coburg, Heft 3/1956.

Dnia 27 kwietnia 1945 roku Maj. Bär, który pilotował samolot Me 262A-1a/U1 uzbrojony w sześć działek (2 × MK 103 kalibru 30 mm, 2 × MK 108 kalibru 30 mm i 2 × MG 151/20 kalibru 20 mm) zestrzelił dwa myśliwce Thunderbolt. Towarzyszący mu Lt. Köster zestrzelił dwa kolejne P-47, a Maj. Herget jeszcze jednego. Następnego dnia Bär zapisał na swoje konto następnego P-47, było to jego 16 zwycięstwo powietrzne uzyskane za sterami Me 262. W dniu 1 maja 1945 roku JV 44 przebazowany został na lotnisko Salzburg-Maxglan. Następnego dnia jednostkę oficjalnie przemianowano na IV./JG 7. Piloci JV 44 podczas prawie miesiąca działań bojowych zgłosili zestrzelenie 56 samolotów alianckich.

Inne jednostki

Kampfgeschwader (J) 6/Gefechtsverband Hogeback

Pod koniec grudnia 1944 roku dowództwo Luftwaffe postanowiło przezbroić kolejne jednostki bombowe w samoloty odrzutowe Me 262, aby następnie zastosować je w charakterze myśliwców obrony Rzeszy. KG(J) 6 sformowano na lotnisku Praga-Ruzyny, jego dowódcą mianowany został jeden z najznamienitszych asów niemieckiego lotnictwa bombowego Obstlt. Hermann Hogeback. Hogeback urodził się 25 sierpnia 1914 roku w Idar-Oberstein. Od siódmego roku życia mieszkał w Münster, gdzie jego ojciec był inspektorem podatkowym. Po zdaniu matury wstąpił na ochotnika do Wehrmachtu, gdzie 1 lipca 1934 roku rozpoczął służbę w 9 kompanii 15 pułku piechoty w Kassel. Rok później przeszedł do Luftwaffe i po zaliczeniu kursu pilotażu trafił do III./LG 1. Pierwsze doświadczenia bojowe zebrał w Hiszpanii w ramach „Legionu Condor", gdzie odbył przeszło 100 lotów bojowych, za co udekorowany został Złotym Krzyżem Hiszpańskim z Mieczami.

Podczas drugiej wojny światowej Hogeback walczył w składzie III./LG 1 nad Polską, na Zachodzie, w bitwie o Anglię (wykonał 28 lotów nad Londyn) i nad Jugosławią. W 1941 roku jego dywizjon przebazowano do Afryki, gdzie awansowany do stopnia Oberleutnant objął dowodzenie 9./LG 1. Po odbyciu 168 lotów bojowych, w dniu 8 września 1941 roku, odznaczony został Krzyżem Rycerskim.

plane in my sight. I fired two short bursts but I didn't see if I had hit because I pulled my plane's nose up too high to make a correction. Only when I lowered my nose again I saw bits of the plane, probably parts of the enemy plane's engine cover, flying around in the air. I also saw a trail of smoke coming from the wing.[45]

Since Galland was badly wounded, command over JV 44 was taken by Obstlt. Heinz Bär on the same day. According to the quartermaster's report the unit then had 31 Me 262 planes of which only 9 were operational.

On April 27th, 1945 Maj. Bär, who piloted a Me 262A-1a/U1 armed with six guns (2 x MK 103, caliber 30 mm, 2 x MK 108, caliber 30 mm and 2 x MG 151/20, caliber 20 mm), shot down two Thunderbolt fighters. Lt. Köster who accompanied him shot down two more P-47s, this was his 16th aerial victory won in a Me 262. On May 1st, 1945 JV 44 was moved to Salzburg-Maxglan airfield. Next day the unit was officially renamed to IV./JG 7. JV 44's pilots claimed 56 enemy planes during almost a month of combat duty.

Other units

Kampfgeschwader (J) 6/Gefechtsverband Hogeback

At the end of December, 1944 Luftwaffe command decided to equip some other bomber units with jet Me 262s and then to use them as the Reich's defense fighters. KG(J) 6 was formed on Prague-Ruzyne airfield, command over the unit was given to one of the best aces of the German bomber Air Force Obstlt. Hermann Hogeback. Hogeback was born on August 25th, 1914 in Idar-Oberstein. He lived in Münster since he was seven, his father was a tax inspector there. After passing the maturity exam he joined the Wehrmacht as a volunteer and on July 1st, 1934 began service in the 9th Company of the 15th Infantry Regiment in Kassel. A year later he was transferred to the Luftwaffe and joined the III./LG 1 after completing pilot training. He gained his first combat experience in Spain in "Legion Condor" where he carried out over 100 combat flights, for which he was decorated with the Golden Spanish Cross with Swords.

---

[45] Ethell J. and Price A., op. cit. pg 70.

Na przełomie 1941 i 1942 roku III./LG 1 przerzucony został na front wschodni. W lipcu 1942 roku Hogeback mianowany został dowódcą III./LG 1. W listopadzie 1942 roku dywizjon przebazowano na Zachód, gdzie przemianowano go na III./KG 6. Jednostka wyposażona w samoloty Junkers Ju 88S wykonywała nocne akcje bombowe nad Anglią. W dniu 20 lutego 1943 roku Hogeback, po odbyciu 416 lotów bojowych, odznaczony został Wieńcem Liści Dębowych do Krzyża Rycerskiego, miesiąc później awansowany do stopnia Major. W dniu 12 sierpnia 1943 roku objął dowodzenie KG 6.

KG(J) 6 otrzymał pierwsze samoloty typu Messerschmitt Me 262 w połowie marca 1945 roku. Weszły one na wyposażenie Geschwaderstab oraz III. Gruppe. Pozostałe dywizjony pułku użytkowały jednomiejscowe myśliwce Messerschmitt Bf 109G/K. Pierwsze loty bojowe piloci KG(J) 6 odbyli w połowie kwietnia 1945 roku. W dniu 25 kwietnia 1945 roku Me 262 startujące z lotniska

During World War II Hogeback fought in the III./LG 1 over Poland, in the west, in the Battle for England (he carried out 28 combat flights over London) and over Yugoslavia. In 1941 his squadron was moved to Africa where he was promoted to the rank of Oberleutnant and took command of the 9./LG 1. After completing 168 combat flights, on September 8th, 1941 he was decorated with the Knight's Cross.

Between 1941 and 1942 the III./LG 1 was transferred to the eastern front. In July, 1942 Hogeback was given command of the III./LG 1. In November, 1942 the squadron was transported west, where it was renamed to the III./KG 6. The unit, equipped with Junkers Ju 88S, carried out night bombing missions over England. On February 20th, 1943 after having completed 416 combat flights, Hogeback was decorated with the Oak Leaves to the Knight's Cross and a month later promoted to Major. On August 12th, 1943 he was given command over KG 6.

(via Autor)

Pokład brytyjskiego lotniskowca HMS „Reaper", który wypłynął 20 lipca 1945 roku z Cherbourga do Newark w New Jersey z ładunkiem 38 zdobycznych samolotów Luftwaffe. Na pierwszym planie rozpoznawczy Me 262A-1a/U3.

Aboard the HMS "Reaper," which set sail on July 20, 1945 from Cherbourg to Newark, New Jersey with 38 captured Luftwaffe aircraft. Foreground: a Me 262A-1a/U3 reconnaissance plane.

Praga-Rużyny zaatakowane zostały przez amerykańskie Mustangi należące do 4th Fighter Group. Mówi o tym notatka zawarta w historii wioski Hostivice sąsiadującej z lotniskiem: *O godzinie dziewiątej rano zaczęły wyć syreny i wszyscy rzucili się do schronów. Po chwili pojawiło się kilkanaście samolotów, które zaatakowały lotnisko. Artyleria przeciwlotnicza osłaniająca pole wzlotów otworzyła ogień. Niemiecki odrzutowiec zaczął startować, ale został trafiony jeszcze na ziemi. Mimo wszystko zdołał wznieść się w powietrze, chociaż już płonął. Przeleciał nad centrum wioski i gubiąc po drodze części uderzył w bliźniaczy domek należący do Bilka i Studenta stojący obok nowej szkoły, niszcząc go i wzniecając pożar. Dzięki szybkiej interwencji straży pożarnej pożar nie zdołał się rozprzestrzenić, spalił się jednak dach i piętro. Uszkodzonych zostało wiele rosnących w pobliżu drzew. Pilot spalił się. Niestety również pan Bilek odniósł tak poważne oparzenia, iż w ich wyniku zmarł.*[46]

Niemiecki pilot, Lt. Sepp Huber z 9./KG(J) 6 zginął, jego pogromca 1./Lt. William B. Hoelscher miał więcej szczęścia. Wprawdzie pilotowany przez niego Mustang został trafiony przez artylerię przeciwlotniczą, ale jemu udało się bezpiecznie wyskoczyć na spadochronie i dzięki pomocy miejscowe ludności uniknąć niewoli.

Pod koniec kwietnia 1945 roku pułk wykonywał wyłącznie akcje bombowe przeciwko wojskom radzieckim nacierającym na Berlin. Za kierowanie tymi operacjami Obstlt. Hogeback udekorowany został 30 kwietnia 1945 roku Mieczami do Wieńca Liści Dębowych Krzyża Rycerskiego. Ostatnie loty bojowe Messerschmitty Me 262 z Gefechtsverband Hogeback wykonały w godzinach rannych 8 maja 1945 roku.

Kampfgeschwader (J) 40
Jeden z najsłynniejszych pułków lotnictwa morskiego, wyposażony w czterosilnikowe samoloty Focke-Wulf Fw 200C Condor, który według słów Churchilla był „przekleństwem Atlantyku", w drugiej połowie 1944 roku utracił swoje bazy we Francji. Utrzymywanie jednostki w dotychczasowej formie przestało mieć rację bytu, dlatego też dowództwo Luftwaffe postanowiło wykorzystać doskonale wyszkoloną ka-

---

KG(J) 6 received its first Messerschmitts Me 262 in the middle of March, 1945. They were used by Geschwaderstab and the III. Gruppe. The other group squadrons used single-seat Messerschmitt Bf 109G/K fighters. Pilots from KG(J) 6 carried out their first combat flights in the middle of April, 1945. On April 25th, 1945 Me 262s taking off from Prague-Ruzyne airfield were attacked by American Mustangs of the 4th Fighter Group. This event is noted in the history of the village Hostivice neighboring with the airfield: *At 9.00 am there was a wailing of sirens and everybody ran for shelter. Soon over a dozen planes appeared and attacked the airfield. AA artillery defending the maneuvering area opened fire. A German jet began to take off but was hit when it was still on the ground. It managed to climb into the air although it was already burning. It passed over the center of the village and, losing parts along the way, hit the twin house belonging to Bilk and Student which stood by the new school, destroying it and starting a fire. Thanks to a quick intervention of the fire brigade the fire didn't spread but the roof and second floor were burnt. Many of the neighboring trees were damaged. The pilot died in the fire. Unfortunately Mr. Bilek was also burnt so badly that he died.*[46]

The German pilot Lt. Sepp Huber of the 9./KG(J) 6 died, his victor 1./Lt. William B. Hoelscher was luckier. Although his Mustang was hit by AA artillery, he managed to parachute to safety and avoid imprisonment with the help of the locals.

At the end of April, 1945 the group was only carrying out bombing operations against Soviet troops attacking Berlin. Obstlt. Hogeback, who was in command during these operations, was decorated on April 30th, 1945 with Swords to the Oak Leaves of the Knight's Cross. Messerschmitts Me 262 of Gefechtsverband Hogeback flew their last combat flights during the morning hours of May 8th, 1945.

Kampfgeschwader (J) 40
One of the most famous groups of the naval Air Force, equipped with four-engine Focke-Wulfs Fw 200C Condor, which Churchill called the "curse of the Atlantic", lost its airbases in France in the

---

[46] Rajlich Jiří, Kokoška Stanislav: Luftwaffe over Czech Territory 1945, Hradec Králové 2001, str. 77.

[46] Rajlich Jiří, Kokoška Stanislav: Luftwaffe over Czech Territory 1945, Hradec Králové 2001, pg. 77.

drę w obronie Rzeszy. W dniu 1 listopada 1944 roku nastąpiło przemianowanie I./KG 40 oraz części IV.(Erg.)/KG 40 na I./KG(J) 40. Szkolenie pilotów rozpoczęto w styczniu 1945 roku na lotnisku Neuburg. Jednak dopiero wiosną 1945 roku jednostka, którą dowodził Hptm. Freiherr von Cramm otrzymała pierwsze samoloty typu Messerschmitt Me 262A-1a. Prawdopodobnie jednak KG(J) 40 nie zdołał osiągnąć gotowości bojowej przed zakończeniem wojny.

Kampfgeschwader (J) 55

Pod koniec marca 1945 roku podjęto decyzję o przezbrojeniu I./KG(J) 55 stacjonującego w bazie Straubing oraz II./KG(J) 55 znajdującego się na lotnisku Platting w samoloty odrzutowe typu Messerschmitt Me 262. Zanim zaczęło się jednak szkolenie pilotów 23 samoloty odrzutowe przekazane jednostce zostały zniszczone podczas amerykańskiego nalotu w dniu 23 marca 1945 roku. Strata tych maszyn praktycznie zakończyła proces wymiany sprzętu.

I./Versuchsverband Oberkommando der Luftwaffe

Pod koniec 1944 roku dwie eskadry I dywizjonu jednostki doświadczalnej naczelnego dowództwa Luftwaffe stacjonującego na lotnisku Oranienburg pod Berlinem wyposażone zostały w Mersersch-

second half of 1944. There was no reason to keep the unit in its previous form so Luftwaffe command decided to put the perfectly trained crew into good use in Reich's defense. On November 1st, 1944 the I./KG 40 and part of the IV.(Erg.)/KG 40 were merged into I./KG(J) 40. The pilots' training began in January, 1945 at Neuburg airfield. It was only in the spring however that the unit, commanded by Hptm. Freiherr von Cramm, received its first Messerschmitts Me 262A-1a. KG(J) 40 probably did not achieve combat readiness before the end of the war.

Kampfgeschwader (J) 55

At the end of March, 1945 a decision was made to change the armament of the I./KG(J) 55 stationed in Straubing airbase and the II./KG(J) 55 stationed at Platting airfield to jet Messerschmitts Me 262. Before the pilots began their training the 23 planes transferred to the unit were destroyed in an American raid on March 23rd, 1945. The loss of these planes practically ended the process of the change of equipment.

I./Versuchsverband Oberkommando der Luftwaffe

At the end of 1944 two flights of the I Squadron of an experimental unit of Luftwaffe's main com-

(via Autor)

Jeden ze zmontowanych po wojnie w Czechosłowacji Messerschmittów Me 262, oznaczonych jako S-92.
One of the Messerschmitt Me 262s built in Czechoslovakia after the war, designated S-92.

mitty Me 262 służące do celów rozpoznawczych. Na przełomie 1944 i 1945 roku Me 262 należące do tej jednostki operowały z lotniska Münster.

Nahaufklärungsgruppe 1

Pierwsze Messerschmitty Me 262A-1a i A-1a/U3 Behelsaufklärer dywizjon otrzymał na przełomie lutego i marca 1945 roku. Jednostka stacjonowała do zakończenia wojny na lotnisku Zerbst w Sachsen-Anhalt, które zdobyte zostało przez wojska amerykańskie.

Einsatzkommando Braunegg/Nahaufklärungsgruppe 6

Wiosną 1944 roku utworzono jednostkę rozpoznawczą wyposażoną w samoloty Messerschmitt Bf 109G, a następnie Messerschmitt Me 262A-1a/U3. Był to rozpoznawczy wariant samolotu myśliwskiego wyposażony w dwie kamery Robot Rb 50/30 lub jedną Rb 20/30 i jedną Rb 75/30 umieszczone w przedniej części kadłuba w miejscu uzbrojenia strzeleckiego. Obiektywy kamer skierowane były w dół z 10 stopniowym odchyleniem na boki. Ponieważ nie mieściły się w wąskim kadłubie otrzymały dodatkowe kroplowe osłony znajdujące się w górnej przedniej części kadłuba. Po obu stronach komory podwozia przedniego umieszczone zostały kwadratowe okienka w poszyciu, które osłaniały wyloty obiektywów obu kamer. W samolotach pozostawiono wyrzutniki bombowe służące do podczepiania dodatkowych zbiorników paliwa.

Nową jednostkę nazwano Einsatzkommando Braunegg. Jej dowódca Hptm. Herward Braunegg, w dniu 26 marca 1944 roku udekorowany został Krzyżem Rycerskim za walki na froncie wschodnim w składzie Nahaufklärungsgruppe 9. Latem 1944 roku Me 262 stanowiące wyposażenie Einsatzkommando Braunegg przeprowadziły kilkanaście lotów rozpoznawczych nad południową Anglią. Hptm. Braunegg wykonał osobiście trzy z nich.

W pierwszych dniach grudnia 1944 roku rozpoznawcze Me 262 z Einsatzkommando Braunegg bardzo aktywnie wykonywały loty rozpoznawcze w rejonie planowanej ofensywy w Ardenach. Dzięki swojej szybkości samoloty niemieckie nie musiały obawiać się myśliwców alianckich, co umożliwiło im zebranie doskonałych materiałów fotograficznych nawet na dalekim zapleczu Aliantów. Zdjęcia wyko-

mand stationed at Oranienburg airfield near Berlin were equipped with Messerschmitts Me 262 for reconnaissance purposes. Between 1944 and 1945 Me 262s of this unit operated from Munich airfield.

Nahaufklärungsgruppe 1

The squadron received its first Messerschmitts Me 262A-1a and A-1a/U3 Behelsaufklärer between February and March, 1945. The unit was stationed at the Zerbst airfield in Sachsen-Anhalt until the end of the war. The airfield was captured by American troops.

Einsatzkommando Braunegg/Nahaufklärungsgruppe 6

In the spring of 1944 a reconnaissance unit was formed and equipped with Messerschmitts Bf 109G and then Messerschmitts Me 262A-1a/U3. This was a reconnaissance version of the fighter, equipped with two Robot Rb 50/30 cameras or one Rb 20/30 and one Rb 75/30 camera located in the front part of the fuselage instead of the fighter armament. The camera lens were pointing down with a 10 degree inclination to the sides. Since they didn't fit inside the narrow fuselage they were given additional bubble-type canopies located in the upper front part of the fuselage. There were square windows in the skin on both sides of the front landing gear which covered the lens of both cameras. The bomb extractors were left in the planes, they were used for mounting additional fuel tanks.

The new unit was named Einsatzkommando Braunegg. On March 26th, 1944 its commander Hptm. Herward Braunegg was decorated with the Knight's Cross for fighting in the eastern front in the Nahaufklärungsgruppe 9. In the summer of 1944 Me 262s of Einsatzkommando Braunegg carried out over a dozen reconnaissance flights over southern England. Hptm. Braunegg personally carried out three of them.

In the first days of December, 1944 reconnaissance Me 262s of Einsatzkommando Braunegg were very active in the area of the planned offensive in the Ardennes. The German planes' speed guaranteed safety from Allied fighters, this helped them gather excellent photographic data even from the Allies' far home front. Photos tak-

nane przez pilotów jednostki stanowiły również podstawę do szczegółowego planowania operacji Bodenplatte, czyli uderzenia samolotów Luftwaffe na lotniska alianckie rankiem 1 stycznia 1945 roku.

Pod koniec grudnia 1944 roku jednostkę przemianowano na Nahaufklärungsgruppe 6. Do końca wojny piloci jednostki wykonywali loty rozpoznawcze śledząc posuwające się do przodu kolumny wojsk alianckich. W dniu 10 kwietnia 1945 roku podczas ataku Thunderboltów na lotnisko Burg zniszczone zostały trzy Me 262 należące do dywizjonu. Z powodu coraz częstszych nalotów jednostkę przebazowano na lotnisko Faßberg, gdzie zastał ją koniec wojny.

Industrieschutzstaffel ISS 1 i ISS 2

General der Jagdflieger oraz 6 wydział generalnego kwatermistrzostwa Luftwaffe rozkazem z dnia 2 stycznia 1945 roku powołały do życia dwie eskadry ochrony przemysłu, które miały stanowić osłonę zakładów produkujących Messerschmitty Me 262 w Leipheim i Schwäbisch Hall. Każda z eskadr miała składać się z sześciu samolotów Me 262, sześciu pilotów oraz około 100 osób personelu naziemnego. ISS 1 stacjonowała na lotnisku Lechfeld, natomiast ISS 2 na lotnisku Obertraubling. Operacyjnie obie jednostki podporządkowane zostały 7. Jagddivision ze składu Luftflotte Reich. Pod koniec lutego 1945 roku samoloty oraz personel obu eskadr przekazano do JV 44 i JG 7.

KONIEC

en by the unit's pilots also served as a basis for planning operation Bodenplatte, a raid of Luftwaffe planes on Allied airfields carried out on the morning of January 1st, 1945.

At the end of December, 1944 the unit was renamed to Nahaufklärungsgruppe 6. The unit's pilots carried out reconnaissance flights until the end of the war and observed the advancing columns of Allied troops. On April 10th, 1945 three of the squadron's Me 262s were destroyed in a Thunderbolt attack on Berg airfield. Due to the increasing frequency of raids the unit was moved to Faßberg airfield where it remained until the end of the war.

Industrieschutzstaffel ISS 1 and ISS 2

General der Jagdflieger and the 6th section of Luftwaffe's general quartermaster issued an order on January 2nd, 1945 bringing to life two flights of industry defense which were to defend production plants producing Messerschmitts Me 262 in Leipheim and Schwäbisch Hall. Both of these flights was to consist of six Me 262s, six pilots and a ground personnel consisting of approximately a 100 men. ISS 1 was stationed at Lechfeld airfield and ISS 2 at Obertraubling airfield. Both units were part of the 7. Jagddivision of Luftflotte Reich. At the end of February the planes and personnel of both flights were transferred to JV 44 and JG 7.

THE END

Bibliografia • Bibliography

Bradley John, Ketley Barry, Wadman David: Aufklärer und Aufklärungsverbände der deutschen Luftwaffe 1935-1945, Bonn 1999
Bundesarchiv Potsdam, Film WF-02/6879, Bild 948
Dierich Wolfgang: Kampfgeschwader 51 „Edelweiß", Stuttgart 1991
Ethell J. i Price A.: Deutsche Düsenflugzeuge im Kampfeisatz 1944/45, Stuttgart 1981
Flugzeug, Nr. 5 Oktober/November 1986
Flugzeug, Nr 4 August/September 1990
Flugzeug, Nr. 6 Dezember/Januar 1991
Foreman John i Harvey S. E.: The Me 262 Combat Diary, b. m. w., 1995
Galland Adolf: Die Letzten, Weltluftfahrt, Coburg, Heft 3/1956
Griehl Manfred: German Jets of World War Two, London 1988
Irving David: Wzlot i upadek Luftwaffe, Pruszków 2001
Jurleit Manfred: Strahljäger Me 262 im Einsatz, Stuttgart 1995
Rajlich Jiři, Kokoška Stanislav: Luftwaffe over Czech Territory 1945, Hradec Králové 2001
Smith J. Richard & Creek Eddie: Me 262A-1, Monogram Close-Up 17, Boylston 1983
Zepenfeld Otto: Zwischen 800 und 1400 Stundenkilometern, Weltluftfahrt, Heft 5/1955

Plansze barwne

Messerschmitty Me 262 wczesnych serii produkcyjnych pomalowane były w standardowy kamuflaż stosowany od sierpnia 1940 roku przez lotnictwo myśliwskie Luftwaffe. Powierzchnie dolne płatowca oraz boki kadłuba i usterzenie pionowe malowane były farbą RLM 76 Lichtblau (świetlisty niebieski), grzbiet kadłuba oraz górne powierzchnie skrzydeł i stateczników poziomych pokrywały nieregularne, ostro łamane, plamy w kolorach RLM 74 Graugrün (szaro zielony) i RLM 75 Grauviolett (szaro fioletowy). Dodatkowo na bokach kadłuba i usterzeniu pionowych nanoszono różnej wielkości, nieregularne plamki w kolorach RLM 74, RLM 75 i RLM 02 Grau (szary). Szczegółowy wzór rozmieszczenia poszczególnych kolorów regulował dokument Oberflächenschutzliste 8 Os 262A stworzony przez firmę Messerschmitt i zaakceptowany przez Ministerstwo Lotnictwa Rzeszy.

Od września 1944 roku pojawiły się maszyny malowane nowymi farbami maskującymi wprowadzonymi w Luftwaffe. Na górnych powierzchniach płatowca, zamiast dotychczas stosowanych kolorów RLM 74 i RLM 75 pojawiły się farby RLM 81 Braunviolett (brązowo fioletowy), RLM 82 Hellgrün (jasny zielony) i RLM 83 Dunkelgrün (ciemny zielony). Farba RLM 81 Braunviolett, w zależności od producenta, posiadała kilka różnych odcieni, od czekoladowo brązowego, poprzez brązowo oliwkowy, aż do ciemno oliwkowo zielonego. Farba RLM 82 Hellgrün była jasną, soczystą zielenią, natomiast RLM 83 Dunkelgrün był ciemnym odcieniem zgniłej zieleni. Dolne oraz boczne powierzchnie płatowców malowano w dalszym ciągu farbą RLM 76 Lichtblau. Najczęściej stosowanym zestawem kolorystycznym górnych powierzchni płatowca były barwy RLM 81 i RLM 82. Rozpowszechniony był również zestaw kolorów RLM 82 i RLM 83. Samoloty produkowane od marca 1945 roku najczęściej malowane były na powierzchniach górnych tylko jednym kolorem RLM 82. Mechanicy w jednostkach niejednokrotnie uzupełniali go domalowując we własnym zakresie plamy farbą RLM 81 lub RLM 83. Dolne powierzchnie samolotów należących do ostatnich serii produkcyjnych najczęściej pozbawione były malowania maskującego. Ich cechą charakterystyczną były ślady szpachlówki, kryjącej linie podziału blach w kolorze żółtawo piaskowym tworzące nieregularną kratownicę.

Messerschmitty Me 262A-1b użytkowane przez KG 51 w wielu przypadkach otrzymały dodatkowe akcenty kolorystyczne kamuflażu w postaci niewielkich plamek lub wężyków w kolorze RLM 76 na górnych powierzchniach płatowca.

Me 262 w wersji rozpoznawczej docierały do jednostek pomalowane w całości farbą RLM 76, dopiero mechanicy uzupełniali malowanie górnych i bocznych powierzchni o nieregularne faliste wężyki w kolorach RLM 81, RLM 82 lub RLM 83.

Dwumiejscowe nocne myśliwce Messerschmitt Me 262B-1a/U1 malowane były w sposób typowy dla nocnych samolotów myśliwskich Luftwaffe. Dolne powierzchnie płatowca pokrywała farba RLM 22 Schwarz (czarny). Boczne i górne powierzchnie kadłuba pomalowane były w całości kolorem RLM 76 uzupełnionym o plamki RLM 81 i RLM 83 lub RLM 74 i RLM 75. Górne powierzchnie skrzydeł malowano podobnie jak kadłub kolorem RLM 76 i zestawem brązowo zielonych lub zielono szarych plamek, albo też nanoszono na nie standardowy, segmentowy zestaw plam w kolorach RLM 81 i RLM 83.

Camouflage patterns

Messerschmitt Me 262s from the early production series were painted in the standard camouflage scheme used by the Luftwaffe fighter division from August, 1940. Lower surfaces, fuselage sides and the tailplane were painted RLM Lichtblau while upper wing and fuselage surfaces were painted with geometric swatches of RLM 74 Graugrün and RLM 75 Grauviolett. Additionally, fuselage sides and tailplane were given irregular patches of RLM 74, RLM 75 and RLM 02 Grau. The exact patterns were dictated by the *Oberflächenschutzliste* 8 Os 262A guide created by Messerschmitt and accepted by Reich's air ministry.

From September, 1944 the planes were painted using the new Luftwaffe schemes. Upper surfaces were painted RLM 81 Braunviolett, RLM 82 Hellgrün and RLM 83 Dunkelgrün instead of the previously used RLM 74 and 75. RLM 81 Braunviolett came in a number of shades varying from chocolate brown, olive brown to dark olive green depending on the producer. RLM 82 Hellgrün was a light, juicy green, while RLM 83 Dunkelgrün was a dark shade of "rotten" green. The lower and side surfaces were still painted with RLM 76 Lichtblau. Most common on upper surfaces was a combination of RLM 81 and 82 with RLM 82 and 83 also being quite common. Planes built after March, 1945 were most often only painted with RLM 82 on upper surfaces. Field mechanics sometimes added patches of RLM 81 or 83 to this on their own. Lower surfaces of planes built in the last days of the war were commonly left unpainted and a characteristic trait of them is patches of sandy yellow body fill covering the seams between sections of skin and creating an irregular grid.

The Messerschmitt Me 262A-1b's used by KG 51 often had the camouflage augmented by the addition of small patches or squiggles of RLM 76 on upper surfaces.

The reconnaissance version of the Me 262 were delivered with RLM 76 on all surfaces. Field mechanics added squiggles of RLM 81, 82 or 83 on their own.

The two-seat Me 262B-1a/U1 night fighters were painted with the typical Luftwaffe night fighter scheme. Lower surfaces were covered with RLM 22 Schwarz. Side and upper surfaces wore a uniform coat of RLM 76 with patches of RLM 81/83 or RLM 74/75. Upper wing surfaces

Messerschmitty Me 262 nosiły oznaczenia przynależności państwowej po obu stronach skrzydeł, kadłuba oraz statecznika pionowego. Na górnej powierzchni skrzydeł były to uproszczone krzyże belkowe złożone wyłącznie z elementów w kolorze białym o wymiarze 630 mm. Na dolnych powierzchniach skrzydeł stosowano najczęściej czarne krzyże belkowe z białą obwódką o wymiarze 800 mm. Niektóre egzemplarze posiadały również na dolnych powierzchniach skrzydeł uproszczone krzyże belkowe w kolorze białym. Na kadłubie malowano uproszczone krzyże belkowe w kolorze białym o wymiarze 800 mm. Po obu stronach statecznika pionowego znajdowała się swastyka w rozmiarze 430 mm, czarna w białej obwódce, biała lub czarna.

Samoloty w wersji myśliwsko bombowej posiadały na kadłubie typowe literowo cyfrowe oznaczenia jednostek bombowych Luftwaffe złożone z czterech znaków, trzecia litera malowana była w kolorze eskadry. W tym samym kolorze malowano najczęściej również nos kadłuba oraz szczyt statecznika pionowego.

W jednostkach myśliwskich i rozpoznawczych stosowano numery taktyczne, jedno lub dwu cyfrowe, malowane w kolorze eskadry.

1. **Messerschmitt Me 262A-1a/Jabo**, WNr. 130 179, „czarne F" z Eisatzkommando Schenk, pilot Maj. Wolfgang Schenk, lotnisko Châteaudun, 20 lipca 1944 roku. Samolot w typowym malowaniu fabrycznym pierwszych serii Messerschmittów Me 262 złożonym z nieregularnych plam w kolorach RLM 74 Graugrün i RLM 75 Grauviolett na górnych i bocznych powierzchniach oraz RLM 76 Lichtblau na powierzchniach dolnych, steczniku pionowym i bokach kadłuba. Na bokach kadłuba i steczniku pionowym dodatkowo namalowano liczne plamki w kolorach RLM 74 i RLM 75. Oznaczenie taktyczne samolotu umieszczone w przedniej części kadłuba to czarna litera F w białej obwódce. W tylnej dolne stronie kadłuba czarny numer seryjny 130179. Nos kadłuba czerwony.

2. **Messerschmitt Me 262A-1a**, WNr. 111 745, „biała 5" z JV 44, pilot Ofw. Eduard Schallmoser, lotnisko München-Riem, 3 kwietnia 1945 roku. Samolot w typowym malowaniu złożonym z plam w kolorach RLM 81 Braunviolett i RLM 82 Hellgrün na górnych i bocznych powierzchniach płatowca. Na bokach kadłuba i osłonach silników uzupełniony plamami w kolorze RLM 83 Dunkelgrün. Dolna część płatowca – RLM 76 Lichtblau. Numer taktyczny biały. Pod swastyką, nad statecznikami poziomymi czarny numer seryjny.

3. **Messerschmitt Me 262A-1a**, „czerwona 7" z 8./KG(J) 6, pilot Ofw. Franz Gaap, lotnisko Saatz, 8 maja 1945 r. Góra skrzydeł i steczników poziomych oraz góra i boki kadłuba w standardowym malowaniu złożonym z nieregularnych plam w kolorach RLM 81 Braunviolett oraz RLM 82 Hellgrün. Dolna część kadłuba, steczników poziomych oraz osłon silnika w kolorze RLM 76 Lichtblau. Dolna część skrzydeł w naturalnym kolorze metalu z żółto piaskowymi śladami szpachlówki. W środkowej i tylnej części statecznika pionowego drobne plamki w kolorach RLM 81 i RLM 82. Nos kadłuba oraz numer taktyczny 7 czerwone. Wąski pas za kadłubowym krzyżem złożony z czerwono czarnej szachownicy.

were sometimes painted with geometric swatches of those colors instead of patches.

Messerschmitt Me 262s carried national markings on both the upper and lower wing, both sides of the fuselage and tailplane. There were simplified beam crosses consisted of white elements only of 630 mm size on upper surfaces. On lower wing surfaces generally black beam crosses of 800 mm size with white rim were used. Some planes had also white simplified beam crosses on lower wing surfaces. Reduced white crosses of 800 mm size were painted on fuselage. 430 mm swastika, black in white rim or white with black rim was painted on both sides of the tailplane.

Fighter-bomber versions had the standard Luftwaffe alphanumeric markings made up of four symbols with the third being painted using the squadron's color. Generally, the nose and tailplane tip was painted in the squadron's color as well.

In fighter and reconnaissance squadrons, single or double digit tactical numbers were applied in the squadron's color.

1. **Messerschmitt Me 262A-1a/Jabo**, WNr. 130 179, "black F" from Einsatzkommando Schenk, pilot Maj. Wolfgang Schenk, Châteaudun airfield, July 20th, 1944. Colors are typical of early production Me 262s with irregular swatches of RLM 74 Graugrün and RLM 75 Grauviolett on upper and side surfaces and RLM 76 Lichtblau on lower surfaces, tailplane and fuselage sides. Additionally, patches of RLM 74 and 75 were applied to the fuselage sides and tailplane. A black letter F with white outline was painted on the forward fuselage section. The serial number 130 179 was painted in black on the lower tail section. The nose was red.

2. **Messerschmitt Me 262A-1a**, Wnr. 111 745, "white 5" from JV 44, pilot Ofw. Eduard Schallmoser, Munich-Riem airfield, April 3rd, 1945. Camouflage is standard with patches of RLM 81 Braunviolett and RLM 82 Hellgrün on upper and side surfaces. Fuselage sides and engine cowlings have additional patches of RLM 83 Dunkelgrün. Lower surfaces are RLM 76 Lichtblau. Tactical number is white 5. Under the swastika in black is the serial number.

3. **Messerschmitt Me 262A-1a**, "red 7" from 8./KG(J) 6, pilot Ofw. Franz Gaap, Saatz airfield, May 8th, 1945. Upper surfaces and fuselage sides are standard with irregular patches of RLM 81 Braunviolett and RLM 82 Hellgrün. All lower surfaces except for the main wings are RLM 76 Lichtblau. Lower wing surface is natural metal with sandy yellow body filler. The center and rear sections of the tailplane have small patches of RLM 81 and RLM 82. The nose and tactical number 7 are is red. A thin red/black checkerboard stripe is located behind the fuselage cross.

Fragment środkowej części kadłuba, pod kabiną widoczna klapka zakrywająca stopień ułatwiający pilotowi zajęcie miejsca w kokpicie.

The center section of the fuselage. Under the canopy is a flap covering the step which aided the pilot while getting in/out of the cockpit.

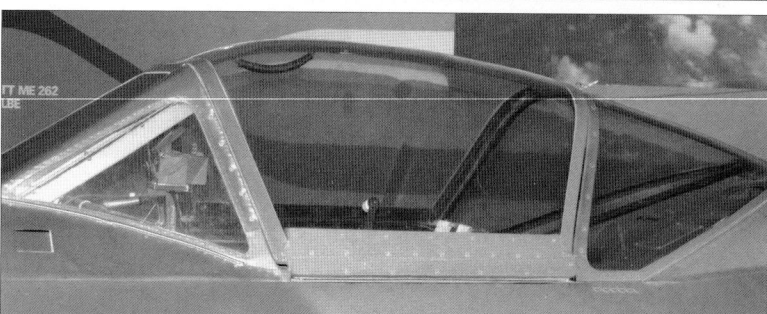

Osłona kabiny Me 262 składała się z wiatrochronu z przednią szybą pancerną o grubości 90 mm i kącie skosu 35°, owiewki odchylanej na prawą burtę oraz stałej tylnej części.

The Me 262»s canopy was comprised of a fixed windscreen (90 mm thickness at 35ş), a hinged center section (hinged on starboard side) and a fixed rear section.

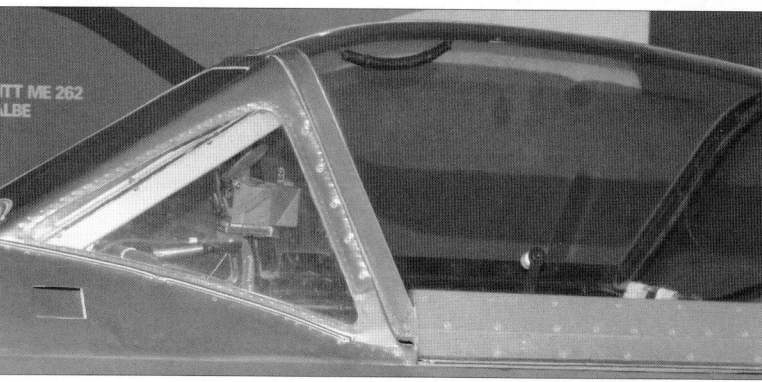

Wiatrochron osłony kabiny z celownikiem refleksyjnym Revi 16B.

A Revi 16B sight mounted in the windscreen.

(© Tom Żmuda)

Osłona kabiny widoczna od prawej burty, w tylnej części widoczna sprężyna i cięgno utrzymujące owiewkę w pozycji otwartej.

The canopy as seen from starboard. At the rear the spring and rod which hold the canopy open are visible.

Przód samolotu Messerschmitt Me 262A-1a, WNr. 500 491 znajdującego się w zbiorach National Air and Space Museum.

Forward section of the Me 262A-1a, WNr. 500 491 at the National Air and Space Museum.

Zbliżenie nosa tej samej maszyny. Na bokach i górze kadłuba widoczne wyloty działek MK 108 kalibru 30 mm.

Close-ups of the nose on the same plane. The cannon muzzle troughs are visible on fuselage sides and top.

Pokrywa przedziału uzbrojenia mieszczącego cztery działka MK 108 kalibru 30 mm.
The upper nose section houses the four MK 108 30 mm cannon.

Środkowa część kadłuba Me 262A-1a z godłem JG 7.

The center section of a Me 262A-1a with the JG 7 emblem.

Godło JG 7 oraz żółty trójkąt umieszczony przy wlewie paliwa do przedniego zbiornika.

JG 7 emblem and a yellow triangle located near the forward fuel filler door.

Zbliżenie na centropłat lewego skrzydła, na krawędzi natarcia widoczny slot wewnętrzny lewy.

A close-up of the port wing root with the inboard port slat on the leading edge.

(© Tom Żmuda)

Slot wewnętrzny lewy widoczny od góry.
Inboard port slat from above.

Dolna część prawego płata, na krawędzi natarcia widać prawy slot środkowy i zewnętrzny, po lewej stronie w głębi widać popychacz trymera lotki.
Lower surface of the starboard wing, starboard inboard and outboard slats and trim tab push rods.

Popychacz trymera lotki.
Trim tab push rods.

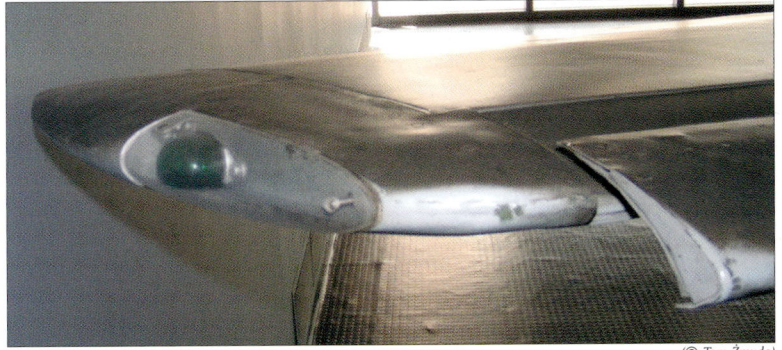

Światło pozycyjne umieszczone na końcu prawego skrzydła.
Starboard navigation light.

(© Tom Żmuda)

Patrząc od przodu wyraźnie widać charakterystyczny, trójkątny przekrój kadłuba Messerschmitta Me 262.

The characteristic triangular shape of the fuselage is clearly seen from the front.

Na pierwszym planie pokrywa luku przedniego podwozia, powyżej z jej lewej strony wyrzutniki łusek działek MK 108 kalibru 30 mm.

The forward landing gear well door with the shell ejector chutes slightly above and to the left.

Goleń przedniego podwozia, piasta w kolorze RLM 66.

The painted section of the forward strut is RLM 66.

Usterzenie samolotu Me 262 z oznaczeniem przynależności państwowej oraz numerem seryjnym płatowca.

The Me 262 tailplane with national markings and serial number.

Wyrzutnia dla 12 rakiet R4M kalibru 55 mm produkowanych przez Deutsche Waffen– und Munitionfabrik Lübeck. Głowica bojowa rakiety zawierała 0,45 kg hexogenu. Trajektoria lotu pocisku rakietowego, przy maksymalnym zasięgu 1800 m, zbliżona była do pocisków z działka MK 108, pozwalało to na używanie tego samego celownika.

A rack for 12 R4M 55 mm rockets (Deutsche Waffen und Munitionfabrik – Lübeck). The warhead contained 450 grams of hexogene. The rocket's trajectory was similar to that of rounds fired from the MK 108 cannon (which allowed the use of the same Revi 16B sight) and had a range of 1,800 meters.

Oznaczenia kadłubowe samolotu, numer taktyczny 7 w kolorze żółtym z czarną obwódką, krzyż belkowy złożony wyłącznie z białych ramek oraz pas obrony Rzeszy (niebiesko-czerwony) z pionową żółtą belką w białej obwódce oznaczającą maszynę należącą do III. Gruppe, pod swastyką na usterzeniu pionowym czarny numer seryjny płatowca 500 491.

Fuselage markings: tactical number 7 in yellow with a black outline, white cross outline, Reich Defense stripe (blue-red) with a yellow bar with white outline signifying service with III. Gruppe and black serial number 500 491 under the swastika on tailplane.

Gondola prawego silnika Jumo 004B-1. Długość silnika wynosiła 3860 mm, średnica 760 mm, a masa 740 kg.

Port side Jumo 004B-1. Engine overall length is 3,860 mm, diameter 760 mm and weight 740 kg.

(© Tom Żmuda)

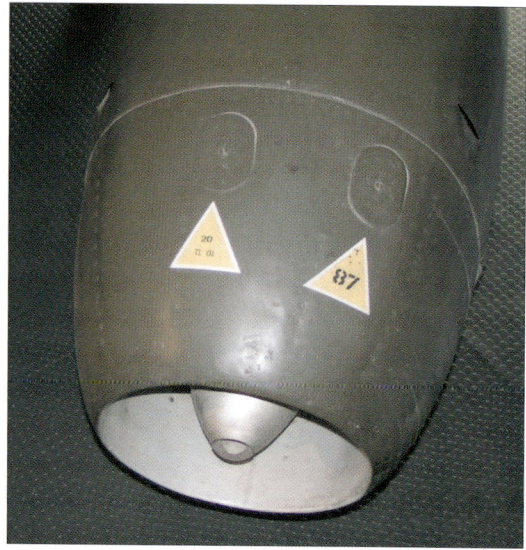

(© Tom Żmuda)

Przednia część gondoli silnika Jumo 004, żółte trójkąty oznaczają typ stosowanego paliwa i umieszczone są w pobliżu wlewów do zbiorników.

Yellow triangles on the front of the Jumo 004 engine cowling indicate fuel type and are located near the filler caps.

(© Tom Żmuda)

Gondola prawego silnika Jumo 004.
The starboard Jumo 004.

(© Tom Żmuda)

Zbliżenie wlotu powietrza do silnika Jumo 004B-1 o ciągu 8,83 kN przy 8700 obr/min.
Close-up of the air intake on the Jumo 004B-1 which produced 1,980 lbs. thrust.

(© Tom Żmuda)

Gondola lewego silnika Jumo 004B-1.
The port Jumo 004B-1.

(© Tom Żmuda)

Junkers Jumo 004B, New England Air Museum.
Junkers Jumo 004B, New England Air Museum.

Junkers Jumo 004 B4 z kolekcji National Air & Space Museum Steven F. Udvar – Hazy Center, Chantilly, VA.
Junkers Jumo 004 B4 at the National Air and Space Museum Steven F. Udvar – Hazy Center, Chantilly, VA.

Junkers Jumo 004 B4 z kolekcji National Air & Space Museum Steven F. Udvar – Hazy Center, Chantilly, VA.

Junkers Jumo 004 B4 at the National Air and Space Museum Steven F. Udvar – Hazy Center, Chantilly, VA.

(© Tom Żmuda)